왜
조광조는
훈구 세력을
몰아내려 했을까?

교과서 속 역사 이야기, 법정에 서다

30
역사공화국
한국사법정

조광조 vs 남곤

왜 조광조는 훈구 세력을 몰아내려 했을까?

글 이근호 | 그림 박준우

㈜ 자음과모음

　우리가 살고 있는 세상은 언제 어디서든 스마트폰만으로도 인터넷을 할 수 있는 첨단 과학이 발달한 시대입니다. 심지어 며칠 만에 새로운 기술이 장착된 스마트폰이 개발되곤 합니다. 이러한 무한한 첨단 기술의 발달 못지않게 사람들이 주목하는 것이 또 한 가지 있습니다. 바로 '역사(history)'입니다. 왜 역사일까요? 아니, 왜 역사이어야만 할까요? 물론 사람들이 역사에 관심을 기울이는 이유는 많습니다. 하지만 가장 큰 이유는, 우리가 과거의 기록이라고 할 수 있는 역사를 통해 미래 사회를 준비하는 마음가짐과 능력을 배울 수 있기 때문입니다.

　역사공화국 한국사법정 시리즈가 드디어 30권 발행을 맞이하게 되었습니다. 이번 책에서는 조선 시대에 학자이자 정치가로 활동하였던 조광조를 중심으로 한 사림 세력과 남곤, 심정, 홍경주 등이 구심점을 이루었던 훈구 세력의 활동에 대해 다루었습니다. 1392년 7월 태조 이성계에 의해 건국된 조선은 고려 말의 위기 상황을 극복하며 기반을 다져 나갔습니다. 그리고 조선은 건국된 지 100여 년이 흐르면서 점차 정치·경제·사회의 각 분야에서 변화의 조짐이 용솟음치기 시작하였습니다. 그리고 그 변화의 중심에는 '사림'과 '훈구'라고 불리는 정치가들이 있었습니다.

김굉필, 조광조 등의 사림 세력은 오랜 시간 동안 공부했던 학문에 따라 조선을 성리학적 이상 세계로 만들기 위해 다양한 개혁을 시도하였습니다. 그런데 남곤, 심정, 홍경주 등 훈구 세력의 생각은 달랐습니다. 그들은 사림 세력이 추진하던 여러 가지 개혁 정책이 급진적이며 비현실적이라는 이유로 반대하였습니다. 훈구 세력은 개혁을 하되 현실적인 정책을 펼치는 것이야말로 나라와 백성을 위한 최선의 길이라고 생각하였습니다. 수백 년이 흐른 지금도 과연 어느 쪽의 주장이 옳았는지 확신할 수 없습니다. 왜냐하면 그들은 각자가 처한 상황 또는 신념의 바탕이 되었던 학문적 입장에 따라 행동했기 때문입니다. 또한 당시 사림 세력과 훈구 세력의 갈등은 먼 훗날 조선의 역사를 형성하는 데 견인차 역할을 했다고 볼 수 있기 때문입니다.

오늘 우리는 역사를 이해하는 방식에 대해서 다시 한 번 생각해 봐야 할 것 같습니다. 더불어 이 책의 주제와 관련해서 혹시라도 어떤 사람은 좋고 어떤 사람은 나쁘다거나, 또는 누구는 선하고 누구는 악하다는 등의 구분을 적용해서 이해하고 있지 않나 깊이 반성해 볼 필요가 있습니다. 왜냐하면 청소년 여러분이 역사를 이해하고자 할 때 이러한 방식은 결코 올바른 것이 아니기 때문입니다. 사림 세력이든 훈구 세력이든 역사적으로 볼 때 나름대로 공로도 있고 동시에 한계도 있었기 때문입니다. 따라서 이 책에서는 당시의 역사적 상황을 고려하면서 사림 세력과 훈구 세력의 사상을 두루 살펴보았습니다. 비록 역사공화국 한국사법정이라는 가상의 공간에서 조광조가 원고, 남곤이 피고로 각자 주장을 펼치고 있지만 그것이 반드시 원고는 옳고 피고는 그릇되다는 의미는 아닙니다.

독자 여러분은 이 점을 참고해 주기 바라며, 책을 읽으면서 역지사지의 마음가짐으로 '내가 그 상황에 처해 있었더라면 과연 어떻게 행동했을 것인가?'라는 부분을 고민해 주었으면 합니다. 끝으로 길지 않은 시간이었지만 부족한 글을 보석돌을 가공하듯이 섬세하게 다듬고 좋은 모양새를 갖추도록 도움을 주신 자음과모음 출판사의 대표님과 편집부 직원분들에게 깊은 감사의 말씀을 드립니다.

이근호

15세기 말 성종은 훈구 세력을 견제하기 위해 새로운 정치 세력을 등용하였는데 이들이 바로 사림이다. 사림 세력은 조선 건국에 협력하지 않고 지방에 살면서 학문과 교육에 힘쓰던 학자들이었다. 성종 때 정계로 진출한 사림은 영남 출신인 김종직의 제자들이었다. 그런데 이들이 훈구 세력의 잘못을 비판하면서 훈구 세력과 사림 세력의 갈등이 심해졌다.

중학교   역사

V. 조선의 성립과 발전
 3. 사림 정치와 성리학 질서의 확립
  (1) 사림 세력의 성장

조광조는 인재를 추천하여 간단한 시험을 거쳐 관리로 채용하는 현량과를 실시해야 한다고 주장했다. 또한 공신들의 자격을 박탈해야 한다고 주장해 훈구 세력의 큰 반발을 받았다. 훈구 세력인 남곤은 꿀로 나뭇잎에 '주초위왕' 글자를 써서 벌레가 갉아 먹게 했다. '조씨가 왕이 된다'는 의미를 가진 이 글로 조광조는 결국 역모 혐의를 받게 된다.

사림은 고려 말 조선 건국에 반대하고 향촌으로 돌아가 학문과 교육에 힘썼던 길재 등의 후예로 성리학의 가르침을 충실하게 적용한 개혁을 추구하였다. 특히 왕과 대신들의 잘못에 적극적으로 비판할 수 있는 언로를 개방할 것을 주장하였다.

고등학교	한국사	II. 고려와 조선의 성립과 발전 　2. 유교 정치의 이상을 꽃피운 조선 　　(2) 사림, 새로운 정치 세력으로 등장하다

사림은 15세기 말 김종직을 필두로 중앙 정치 무대에 진출하였으며 언론과 학술을 담당하며 훈구 세력과 맞섰다. 특히 중종 때 조광조는 도교 행사 기관인 소격서 폐지, 향약 실시, 소학 보급 등 개혁 정치를 추구하였지만, 기묘사화로 타격을 입게 되었다.

1450년	구텐베르크, 활판 인쇄술 발명

1453년	비잔틴 제국 멸망
1455년	장미 전쟁(~1485)
1488년	바스코 다 가마, 희망봉 발견
1492년	콜롬버스, 신대륙 발견
1498년	바스코 다 가마, 인도 항로 발견
1517년	독일, 루터의 종교 개혁

1519년	마젤란, 세계 일주 시작
1522년	마젤란, 에스파냐로 귀환
1543년	코페르니쿠스, 지동설 주장

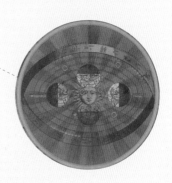

1590년	도요토미 히데요시, 일본 통일
1618년	30년 전쟁 발발

원고 **조광조**(1482년~1519년)

나는 사림 세력을 대표하던 인물로서 우리 사림 세력은 성리학에서 말하는 이상 사회를 현실로 만들어 백성들이 좀 더 편안한 생활을 할 수 있게 하기 위해 노력하였습니다. 그러나 남곤과 심정 등이 주도한 기묘사화 때 조정에서 쫓겨난 뒤 죽음을 맞이하였습니다.

원고 측 변호사 **박구자**

역사공화국에서 억울한 원고의 사정을 잘 파악하여 역사의 진실을 바탕으로 한국사를 바로 세우고자 하는 변호사입니다. 오늘 재판에서도 최선을 다할게요.

원고 측 증인 **김굉필**

나는 원고인 조광조의 스승이오. 김종직 선생님 문하에서 공부하면서 특히 『소학』에 관심을 가져 이후 '소학 동자'라는 별명까지 얻게 되었소. 1498년 무오사화 때 유배되어 생활하다가 제자인 원고를 만났소.

원고인 조광조와 함께 김굉필 선생님 밑에서 동문수학한 사람입니다. 관직에 진출해서는 백성들의 교화를 위해 『소학』을 권하였고, 각종 서적들을 훈민정음으로 번역해서 보급하기도 하였습니다. 특히 지방 사회의 안정을 위해 향약의 시행을 강력히 주장하기도 했습니다.

나는 경상도 예안 출신으로 관직보다는 학문을 연구하고 제자들을 육성하는 데 더 관심이 많았어요. 또한 고려 말 우리나라에 수입된 성리학 공부에 매진하여 이를 체계화하는 데에도 주력했지요. 서원을 통한 사림 양성에 노력하여 선조 즉위하던 초에는 사림을 대표하는 인물로 알려지게 됐지요.

나는 우리나라 역사 가운데 조선 시대를 연구하고 가르치는 학자입니다. 나라의 운영을 주도했던 관료의 사고와 행동을 연구하는 데 주력하는 한편 대중과 소통하는 역사학을 위해 노력하고 있지요. 기묘사화의 역사적 진실을 증명하기 위해 오늘 재판에 참석하게 되었습니다.

피고 남곤(1471년~1527년)

나는 조선의 개국 공신인 남재의 후손입니다. 젊었을 때는 김종직 선생님으로부터 학문을 배우기도 했습니다만, 사림 세력이 추진하는 개혁 정책이 너무 급진적이라고 반대했습니다. 그런데 원고와 사림 세력이 끝내 나를 비롯한 공신 세력을 부정하는 데에 더 이상 참을 수가 없어 심정 등과 함께 기묘사화를 주도했습니다.

피고 측 변호사 이대로

역사공화국에서 가장 중요한 판단 근거는 기록으로서의 역사임을 주장하는 이대로 변호사입니다. 기존의 역사적 평가야말로 가장 근거 있는 사실이라는 게 내 주장이지요.

피고 측 증인 박원종

나는 중종반정을 주도했던 사람 가운데 하나로 영의정까지 지냈습니다. 연산군은 왕위에 있을 때 정치를 잘못했을 뿐만 아니라 개인적으로는 내 누이를 불러다 술을 따르게 하였습니다. 이 일로 누이는 결국 죽고 말았지요. 그래서 성희안, 유순정 등과 함께 반정을 일으키고 중종을 왕위에 오르게 하였습니다.

피고 측 증인 정광필

나는 중종 때 영의정을 지냈어요. 아버지는 좌리공신
에 올랐던 정난종으로 문과에 급제한 뒤 대제학과 병
조 판서 등을 역임했지요. 나는 오늘 남곤 측 증인으
로 참석하였소.

피고 측 증인 주세붕

나는 조선에서 처음으로 서원을 설립한 사람이오. 오
늘 서원 문제와 관련해서 참고인으로 참석하였소. 관
직에 있을 때 피고인 남곤의 추천을 받기도 하였고
윤원형과 친하게 지내기도 하였소.

판사 공정한

나는 역사공화국의 공명정대한 판사, 공정한입니다.
내가 할 일은 역사의 진실을 밝히고 영혼들의 한을
풀어 주는 것입니다.

"나는 유교적 이상 정치를
조선에 펼치려 했습니다"

여기는 역사 속 인물들의 영혼이 사는 역사공화국이다. 박구자 변호사는 평소 즐겨 듣던 베토벤 피아노 소나타 〈비창〉을 틀었다. 아름다운 피아노 선율에 푹 빠진 채 평화로운 시간을 한껏 만끽하고 있는 그때 누군가 사무실 문을 두드렸다.

'똑똑, 똑똑똑.'

사무실 문이 열리면서 어딘지 위엄이 서린 선비가 들어왔다. 박구자 변호사는 자리에서 일어나 선비에게 정중하게 인사를 했다. 오디오의 볼륨을 줄이고 선비를 자리로 안내한 뒤 따끈한 녹차를 가져다주며 말을 건넸다.

"안녕하세요? 저는 박구자 변호사라고 합니다."

아무런 대꾸가 없자 당황한 박구자 변호사가 미소를 지으며 말했다.

"왜곡된 역사는 바로잡아서 반드시 바꿔야 한다고 생각하는 박구자 변호사입니다."

그러자 선비가 불쑥 말문을 열었다.

"나는 조광조라는 사람이오."

"한때 사림의 영수로 불렸던 그 조광조? 정말이십니까?"

"그렇소. 내가 바로 조광조요."

"이렇게 만나서 영광입니다! 그런데 저를 찾아오신 이유가……?"

"잘 알다시피 나는 죽은 뒤에 신원되고 문묘에 종사되기도 했소. 하지만 여전히 억울한 것이 있소. 그것 때문에 요즘 불면증에 시달리고 있어요. 그래서 내 억울함을 호소할 소송을 걸고자 하오."

"어떤 억울한 일이……?"

"지금부터 내가 하는 말을 잘 들으시오. 내가 조선을 이상 사회로 탈바꿈시키기 위해 많은 노력을 기울이고 있을 때였소. 남곤이라는 자가 홍경주 등과 공모하여 내가 중종 대왕을 폐위시키고 왕이 되려고 했다고 나를 모함하였소."

"주초위왕설을 말씀하시는 것 같은데요. 이미 사실이 아니라는 게 온 세상에 드러나지 않았습니까?"

"그렇소. 물론 박구자 변호사 말처럼 이 문제는 이미 역사 속에서 진실이 드러나긴 하였소. 그런데 문제는 아직도 일부 사람들은 나를 비롯한 사림 세력들이 권력욕에 빠져 훈구 세력과 여전히 대립 중이라고 알고 있다는 것이오. 이는 사실이 아니오. 우리 사림들은 조선 사회를 백성들이 살기 좋은 세상으로 만들려고 했을 뿐이오. 이것을

교묘하게 모함하려 들다니, 난 정말 억울하오!"

"정말 억울하시겠어요. 그런데 궁금한 것이 하나 있어요."

"무엇이오?"

"만약 권력에 집착하지 않았다면 당시 많은 공신들이 꺼려했던 위훈 삭제 문제를 군이 거론할 필요는 없지 않았을까요?"

"박 변호사 말대로 위훈 삭제 문제를 군이 거론하지 않아도 되었

왜 조광조는 훈구 세력을 몰아내려 했을까?

겠지요. 하지만 사실 이 문제는 우리가 주장하던 개혁이 성공하느냐 그렇지 않느냐를 판가름하는 중요한 문제와 관련되어 있었기 때문에 언급하지 않고 넘어갈 수 없었소. 내가 오늘 변호사를 찾아온 이유도, 이 문제를 비롯해 아직도 사람들이 사림 세력에 대해 오해하고 있는 바를 풀기 위해서요. 그래서 이런 오해를 불러온 훈구 세력의 우두머리를 상대로 재판을 벌여야겠소."

"……그 사람이 혹시 남곤?"

"그렇소! 바로 남곤이라는 자요!"

"남곤이라면 조선 전기의 문신이자 병조 판서, 이조 판서 등 높은 벼슬을 지냈던 사람이 아닙니까? 더군다나 기묘사화를 일으킨 자이기도 하죠."

"역시 소문대로 역사에 대해 모르는 게 없군요. 젊은 사람 못지않게 자신감과 패기도 있고. 아주 든든하오. 이번 재판을 잘 부탁하오."

"알겠습니다. 충분히 공부하고 자료를 준비해서 진실을 밝히도록 하겠습니다. 그릇된 것은 모조리~ 바로잡아야 되지 않겠습니까? 바꿔~ 바꿔~ 왜곡된 역사 다 바꿔~! 그럼 지금부터 시작해 볼까요."

조광조와 남곤, 인연? 악연?

조광조는 공자, 정몽주를 가슴에 담고 작은 예의라도 지키고자 노력했던 인물입니다. 그리고 모르는 점이 있으면 답을 얻을 때까지 파고드는 인물이라고도 알려져 있습니다. 그래서 조광조는 모르는 것이 있으면 선배들에게 물어보러 다녔는데 그중에는 남곤도 있었지요. 당시 남곤은 사림파의 큰 인물인 김종직 학파 사람으로 조광조와 친분이 있었던 것으로 알려집니다.

그러던 중 조광조는 소과에 합격하여 진사가 되고 성균관에서 공부하게 됩니다. 이후 남곤 등의 추천으로 선무랑이라는 벼슬자리에 오르지요. 조광조는 관직에 오른 뒤에도 독서를 게을리하지 않았고 스스로 몸가짐을 함부로 하지 않았습니다. 이후 종중이 친히 주관한 시험에서 중종을 감탄하게 하는 대답을 써내어 선발되기도 하였지요.

> **중종**　"금일과 같은 어려운 시대를 겪으며 이상적인 정치를 하기 위한 방법으로는 무엇을 어떻게 해야 할 것인가?"
>
> **조광조**　"성실하게 도를 밝히고 항상 삼가는 태도로 나라를 다스리는 마음을 요체로 삼아야 합니다."

이후 중종은 조광조를 가까이 두고 개혁 정치를 하는 것을 허락하였습니다. 하지만 세월이 흐를수록 조광조와 중종의 사이도 벌어지게 됩니다. 중종은 강력한 왕권을 확립하기 위해 조광조라는 인재를 등용한 것인데 조광조 역시 거대한 세력이 되어 버렸기 때문입니다.

조광조의 글씨

사림 세력이 벌인 여러 개혁 정치를 두고 훈구파와 크고 작은 갈등을 빚던 중 조광조는 연산군을 폐위시키고 중종을 왕위에 올린 공신들의 공을 크게 줄일 것을 주장하게 되고, 이 일로 남곤을 비롯한 많은 사람들의 원망을 사게 됩니다.

결국 훈구파는 나뭇잎에 꿀로 '조씨가 왕이 된다'는 의미의 '주초위왕'이라는 글자를 써서 벌레가 갉아먹게 합니다. 이것을 발견한 중종은 조광조를 조정에서 내쫓게 되지요. 이 일로 조광조를 따르던 많은 사림이 큰 타격을 받게 됩니다. 이를 1519년 기묘년에 일어났다고 하여 '기묘사화'라 하는데, 남곤은 사림파임에도 불구하고 아무 일 없이 넘어간 인물입니다. 조광조 일파가 유배되자 이조 판서였던 남곤은 여러 차례 사직을 청하였으나 받아들여지지 않았다고 합니다.

| 원고 | 조광조 | 대리인 | 박구자 변호사 |
| 피고 | 남곤 | 대리인 | 이대로 변호사 |

청구 내용

나 조광조는 사림의 맥을 이어 온 인물로 1506년 중종반정 이후 왕의 부름을 받고 조정에 진출하였습니다. 나는 그동안 갈고 닦았던 성리학의 이상 세계를 조선에 펼치려고 하였습니다. 그런데 남곤 등의 훈구 세력은 자신들의 권력이 약해질 것을 두려워한 나머지 나와 사림 세력이 왕위를 넘본다고 모함했습니다.

1519년 사림들이 조정에서 쫓겨나고 본인이 화를 당한 것을 기묘사화라고 합니다만, 나는 왕위를 넘보기는커녕 그런 생각은 추호도 하지 않았습니다. 오히려 남곤 등은 자신들이 반정을 주도해 왕으로 추대했다는 이유로 중종을 무시했고, 중종이 추진하려 한 각종 개혁 정책을 사사건건 막았습니다. 이렇게 본다면 남곤 등에게 죄를 물어야 하는데 오히려 나와 사림들이 역적으로 몰렸습니다.

잘 아시는 바와 같이 나는 중종의 부름을 받고 조정에 나아가서 다양한 개혁 정책을 추진하였습니다. 현량과를 시행하여 어질고 똑똑한 인재들을 등용하였고, 향약을 시행해 도덕이 우선하는 사회를 이루려고 하였지요.

그러나 남곤 등의 훈구 세력은 이러한 개혁에 불만이 많았을 뿐만 아니라, 나와 사림들이 위훈 삭제라 하여 잘못된 공신 책봉을 바로잡으려 하자 자신들이 권력을 다지는 데 방해가 된다고 생각했습니다. 잘못된 것을 바로잡으려 했던 것이 잘못입니까? 이 얼마나 억울한 일입니까?

이에 본인은 남곤을 상대로 소송을 제기해 지난날 역사의 잘잘못을 가려 보고자 소장을 제출합니다.

입증 자료

- 중학교 역사 교과서
- 고등학교 한국사 교과서
  그 외 자료 추후 제출하겠음.

위 청구인 조광조
역사공화국 한국사법정 귀중

왜 중종은
조광조를 주목했을까?

1. 조광조는 어떻게 성장했을까?
2. 중종은 왜 조광조를 등용했을까?

1

조광조는
어떻게 성장했을까?

"자네 요즘 통기타 배운다며?"

"그렇다네. 안 그래도 오늘 서울 종로에 있는 낙원 악기 상가에서 통기타를 새로 샀지."

"이야, 난 자네가 역사에만 관심이 있는 줄 알았는데 악기에도 관심이 많다니! 대단해!"

"하하하. 참, 그나저나 오늘 종로에서 조광조의 집터 표지석을 봤다네. 조광조의 본관이 한양이라더니 낙원 악기 상가 바로 앞 중앙 분리대에 있을 줄이야."

"그 유명한 조광조 선생을 말하는 건가?"

"그렇다네."

"조광조 선생의 집이 서울에 있었는데도 몰랐다니…… 이런 말도 안 되는 일이!"

"그런데 더 중요한 사실은, 조광조 선생이 관직이 다시 회복되고 문묘에 모셔지기도 했으나 선생의 억울함이 완전히 풀리지 않았다는 사실이네."

"아, 그거! 붕당을 결성하고 왕을 위협했다는 이야기 말인가?"

"그렇다네. 그런데 마침 오늘 이와 관련된 재판이 열린다고 하니 흥미롭지 않은가? 자네도 함께 가지 않을 텐가?"

"물론 가야지. 흥미진진한 재판이 되겠군."

"가려면 서둘러야겠네. 재판 시간이 거의 다 됐다네."

"좋아! 그럼 우리 법정으로 들어가 볼까?"

법정 안은 그 어느 때보다 뜨거운 열기로 달아올라 있었다. 그것은 조선 전기, 시대의 풍운아라고 할 수 있는 조광조의 훤칠한 모습 때문이었다. 비록 세월의 흔적이 얼굴에 드러나 있었지만 조광조의 수려한 용모는 긴 세월 속에서도 빛을 발했다.

그런데 무슨 까닭인지 조광조는 매서운 눈빛으로 누군가를 쏘아보고 있었다. 마치 먹잇감 사냥을 앞둔 독수리의 눈빛 같았다. 조광조의 시선은 중앙 통로를 사이에 두고 마주 앉은 남곤에게 가 있었다. 남곤은 그의 눈빛을 애써 피하고 있었다. 어쩌다 조광조와 눈빛이 마주치자 남곤은 소스라치게 놀라는데…… 도대체 원고와 피고 사이에 어떤 사연이 있는 것일까?

이윽고 판사의 입정을 알리는 소리가 들리면서 법정 안은 일시에 정적이 흘렀다. 드디어 역사적인 재판이 열리는 순간이었다.

공신
국가 또는 왕실을 위하여 공을 세운 사람에게 주는 칭호 또는 그 칭호를 받은 사람을 말합니다.

판사   오늘 한국사법정에서는 조선 중종 때 대립했던 사림 세력과 훈구 세력에 관한 논쟁을 다루도록 하겠습니다. 오늘 열리는 이 재판은 역사공화국 전체가 지켜보는 중요한 재판입니다. 그렇기 때문에 원고 조광조와 피고 남곤의 입장을 충분히 듣고 판결을 내릴 생각입니다. 특히 두 세력 간의 대결 구도로 인하여 다수의 생명이 목숨을 잃었던 만큼 이에 관해 의견 대립이 심할 것으로 예상됩니다. 하지만 승자, 패자가 누구든 간에 역사의 진실을 반드시 밝혀야 함을 잊지 마십시오. 그러므로 다들 진지하게 재판에 임해 주시기 바랍니다. 먼저 원고 측 변호인이 오늘 사건의 핵심이 무엇인지 말씀해 주시겠습니까?

박구자 변호사   네, 판사님. 오늘 사건을 이야기하기 위해서는 조선의 제11대 왕인 중종 때 일어난 '기묘사화'를 다루어야 합니다. 반정 성공으로 연산군을 몰아내고 왕위에 오른 중종은 새로운 정치를 펼치려고 했죠. 하지만 중종 주위의 공신(功臣)들은 이러한 개혁 정치를 강력하게 반대하였습니다.

판사   공신들이 왜 반대했다고 보십니까?

박구자 변호사   세상이 변하면 자신들이 누리던 것들이 줄어들까 봐 겁이 났기 때문이죠. 그래서 그들은 항상 자신들에게 이득이 되는 정치만 펼치려 했던 것입니다. 이에 중종은 원고인 조광조를 조정으로 불러들여 그로 하여금 개혁 정치를 주도하게 하였습니다.

판사   중종은 조광조를 통해 세상을 바꾸려 했군요.

박구자 변호사   그렇습니다. 당시 중종에게 절대적으로 필요했던 건 당시 훈구 세력의 여러 가지 문제들을 해결하고 새로운 조선 사회를 만들 사람이었죠. 물론 중종의 뜻을 펼칠 만한 그릇이 되는 사람은 많았습니다. 하지만 가장 믿음이 갔던 사람은 따로 있었습니다. 그 사람이 바로 원고입니다. ▶그렇게 원고는 중종의 부름을 받고 조정에 나아가게 됐죠. 조정으로 간 원고는 다양한 개혁을 시도했습니다.

판사   당시 원고가 펼쳤던 개혁 정치는 성공하였나요?

박구자 변호사   아쉽게도 실패하였습니다. 하지만 원고가 잘못해서가 아닙니다. 바로 훈구 세력들 때문이었어요. 훈구 세력들은 조광조의 개혁 자체를 반대했고, 급기야 원고가 왕위를 넘본다고 모함했습니다. ▶▶그러한 상황은 조광조를 끝내 죽음으로 몰고 갔고, 조선의 유신(維新) 정치는 물거품이 되었죠. 이것이 기묘사화입니다. 이에 훈구 세력 중 한 사람인 남곤을 본 법정에 세워 그 책임을 묻고자 하는 것입니다. 이상입니다.

판사   원고 측 변호인으로부터 이번 소송이 열리게 된 이유에 대해 들어 보았습니다. 다음으로는 피고 측 변호인의 이야기를 들어 보겠습니다.

이대로 변호사   존경하는 판사님, 원고 측 변호인의 발언은 가당치 않습니다. 피고가 원고를 모함했다고요? 과연 그랬을까요? 당시 원고 일파는 문인의 사장(詞章)을 가치 없는 것으로 보고 오직 한 가지만 강조하였습니다.

판사   그게 무엇이죠?

유신
낡은 제도를 고쳐 새롭게 함을 말합니다. 유의어로는 '혁신'이 있습니다.

사장
시와 노래, 문장을 아울러 말합니다.

교과서에는

▶ 중종은 사림을 다시 등용하여 유교 정치를 일으키고자 했습니다. 이에 명망이 높았던 조광조가 중용되면서 천거제의 일종인 현량과를 통해서 사림이 대거 등용되었습니다.

▶▶ 중종에 의해 중용된 조광조는 급진적 개혁을 추진했습니다. 하지만 이에 대한 공신들의 반발로 조광조를 비롯한 사림 세력은 대부분 제거되었고, 이를 기묘사화라고 합니다.

이대로 변호사　　그것은 바로 유교의 학문인 도학 사상입니다. 또한 훈구파를 소인으로 지목하여 무조건 무시했고, 현실과 거리가 먼 이상적인 이야기로 백성을 혹하게 만들었습니다. 그야말로 잘못되고 헛된 이야기로 세상과 백성을 기만한 세력입니다! 그뿐만 아닙니다. 조광조 일파는 백성을 위한다는 거짓말로 위훈 삭제 사건을 일으켰죠. 하지만 정작 그들의 검은 속내는 다름 아닌 임금 중종의 권위에 도전하는 것이었습니다.

판사　　임금인 중종의 권위에 도전한다고요?

이대로 변호사　　그렇습니다. 충신이라면 도저히 바라보고만 있을 수 없는 위기 상황이었습니다. 그러나 조광조 일파는 그런 상황에서도 개인적인 욕심을 채우기 위하여 선량한 백성을 이용할 생각만 했습니다. 나아가 자신을 신임했던 임금까지 이용하려고 했죠. 오늘 저는 이 자리에서 인간 조광조의 이중적인 면을 낱낱이 파헤치고 그의 가면을 벗겨 만천하에 진실을 알릴 것입니다. 이상입니다.

판사　　오늘 소송이 열리게 된 이유에 대해서 원고 측 변호인과 피고 측 변호인의 말을 들어 보았습니다. 과연 누구 말이 맞는지는 지금부터 알아보겠습니다. 우선 원고 조광조에 대해 알아볼 필요가 있다고 봅니다. 원고 측 변호인부터 발언하기 바랍니다. 조광조는 어떤 사람이었습니까?

박구자 변호사　　존경하는 판사님, 원고가 어떤 사람이었는지에 대해 원고가 직접 말하도록 해 주시겠습니까?

판사　　좋습니다.

조광조가 원고 자리에서 천천히 몸을 일으켰다. 고뇌와 노곤함이 그의 얼굴 곳곳에서 묻어났다. 하지만 눈빛만은 이글이글 타오르는 태양처럼 빛나고 있었다. 조광조의 카리스마 넘치는 모습에 방청석이 술렁거렸다.

"역시 시대를 앞서 간 개혁자다운 모습이네!"
"아니, 어쩜 저리도 잘생겼지?"
"인물은 인물이네."

판사　　조용히 해 주십시오. 지금부터 본격적인 신문에 들어가겠습니다. 원고 측 변호인, 시작하세요.

박구자 변호사　　네. 오늘 이 자리에서 원고는 어떤 거짓도 없이 솔직하게 답변해 주시기 바랍니다.

조광조　　내 양심을 걸고 진실만을 이야기하겠소.

　　짧은 답변이지만 조광조의 어조는 날카로우면서도 어떤 신뢰감을 주고 있었다. 말로 표현할 수 없을 만큼 카리스마 넘치는 조광조의 기세에 눌려 법정 분위기가 한층 엄숙해졌다.

박구자 변호사　　우선 원고는 자기소개를 간단하게 해 주세요.

조광조　　나는 정암 조광조입니다. 본관은 한양이고, 나의 선조는 고려 말을 거쳐 조선 초에 태조 이성계를 모시고 조선 건국에 참여

계유정난

조선 단종 원년(1453)에 수양 대군이 정권 탈취를 목적으로 반대파를 숙청한 사건을 말합니다. 10월 10일의 정변으로 김종서, 황보인 등은 피살되고 안평 대군은 유배 갔다가 사사되었습니다.

교유

서로 사귀어 놀거나 왕래함을 의미합니다.

하였던 조온이라는 분입니다. 그분은 개국 공신이며, 태종 께서 왕위에 오르는 데 공을 세워 정사 공신에도 이름이 올랐지요. 이렇게 보면 나의 집안도 공신 집안이라고 할 수 있겠네요. 나의 할아버지 되시는 조충손은 세조께서 왕 위에 오르는 계기가 되었던 계유정난(癸酉靖難) 당시 그의 반대편에서 활동했지요.

박구자 변호사　당시 반대편이라면 세종의 셋째 아들인 안평 대군 쪽을 말하는 건가요?

조광조　그렇습니다. 할아버지는 안평 대군 측에서 활동하다가 결 국 화를 당하셨지요.

박구자 변호사　그렇군요. 원고의 말을 통해서 오늘 이 자리에서 조 광조 선생이 원래 공신 집안 출신이라는 중요한 사실을 알게 되었 습니다. 그렇다면 훈구 세력의 집안과 크게 다르지 않다고 생각되는 데요. 원고에게 묻겠습니다. 원고는 어떻게 사림을 대표하는 자리에 오르게 되었나요?

조광조　나의 할아버지들의 경우를 보면 사실 우리 집안이 훈구 세력과 크게 다를 것이 없다고 할 수 있습니다. 하지만 우리 집안은 공신 집안에 머물지 않았어요. 사림 세력과 교유하면서 점차 사림으 로 입장을 바꾸게 되었답니다. 그렇기 때문에 나의 집안은 사림 세 력으로부터 전폭적인 지지를 받을 수 있었습니다.

박구자 변호사　원고의 집안은 공신 집안에 머물지 않고 사림 세력 과 계속 교류해 갔다는 말씀이신데요, 매우 흥미롭습니다. 원고의 집안이 어떠했는지 더 궁금해지네요. 원고의 아버지는 어떤 분이셨습니까? 간략하게 말씀해 주시겠습니까?

조광조　　나의 아버지의 존함은 조원강입니다. 당신께서는 과거 급제를 하지 못해 **한미**한 관직 생활을 하셨습니다.

박구자 변호사　　원고의 아버지가 한때 어천찰방이라는 관직을 지내셨다고 하는데, 맞나요?

조광조　　그렇습니다.

판사　　찰방이라면 오늘날의 역장을 말하는군요.

박구자 변호사　　그렇습니다. 원고는 아버지의 사랑을 많이 받았다고 들었습니다. 맞나요?

조광조　　네. 아버지께서는 나를 많이 아끼셨죠. 나를 임지로 데리고 가서 함께 생활할 정도였으니까요. 지금 생각해 보건대 아버지께서는 참으로 깊고 넓은 사랑으로 나를 보살펴 주셨던 것 같습니다. 그리고 난 거기서 일생일대의 잊을 수 없는 일을 겪게 되었습니다.

박구자 변호사　　그게 어떤 일이죠?

조광조　　바로 나의 스승을 만난 것입니다. 당시 '무오사화'로 인하여 유배 생활을 하고 계시던 스승은 나에게 많은 것을 가르쳐 주셨습니다. 내 인생에서 스승을 만난 것은 큰 행운이라고 생각합니다. 스승의 성함은 김굉필입니다.

　　조광조가 김굉필이라는 이름을 말하자 방청객들이 웅성거리기 시작했다.

"김굉필이 대체 누구야?"

"글쎄, 나도 처음 듣는 이름인데."

판사　　법정 안이 매우 소란스럽습니다. 모두 조용히 해 주세요!

박구자 변호사　　오늘 이 자리에 오신 많은 분들이 원고의 스승인 김굉필 선생에 대해 매우 궁금해하는 것 같습니다. 원고에게 묻겠습니다. 김굉필 선생이 누구인지 간단하게 말씀해 주세요.

조광조　　나의 스승 김굉필 선생은 소학 동자로 잘 알려져 있는 분이죠. 성리학 경전 가운데 『소학』을 중시하셨고, 한평생 소학의 내용을 일상생활에서 실천하셨던 분입니다.

박구자 변호사　　김굉필 선생은 그야말로 사림의 맥을 이어 오셨던 분이군요.

조광조　　맞습니다. 사림 계보에서 절대 빠질 수 없는 분이죠. 김굉필 선생은 조선 전기의 성리학자이자 문신이었던 김종직 선생님으로부터 학문을 배웠습니다. 그렇기 때문에 사림의 정통이라고 할 수 있지요.

박구자 변호사　　그렇군요. 원고의 말을 정리해 보면, 사림의 정통이라고 할 수 있는 김종직 선생의 제자 김굉필 선생이 원고의 스승인 것입니다. 우리는 여기서 사림의 계보를 알 수 있습니다. 다시 말해서 김종직 선생으로부터 김굉필 선생에게 그리고 마침내 원고에게까지 사림의 정통이 이어진 것이라고 할 수 있습니다.

판사　　원고의 생애를 더 구체적으로 이해하기 위해서는 사림의 계보에 대해 알아볼 필요가 있을 것 같습니다. 또한 사림 세력이 어떤 과정을 거쳐 조정에 진출하게 되었는지 그 배경에 관해서도 알아볼 필요가 있을 것 같군요.

박구자 변호사　　맞습니다. 오늘 이 자리에서 사림의 계보에 대해 알아보기 위해 원고의 스승인 김굉필 선생을 증인으로 신청합니다.

판사　　좋습니다. 증인은 나와서 선서를 해 주십시오.

　　지팡이를 짚고 걸어 나온 증인 김굉필은 진지하게 증인 선서를 했다. 김굉필을 바라보는 원고의 눈빛에는 존경심이 가득 담겨 있다.

박구자 변호사　　안녕하세요. 몸도 편찮은데 이렇게 나와 주셔서 감사합니다.

김굉필　　감사하긴요. 당연히 나와야 하는 거 아니겠소? 내 제자의 억울한 사정을 듣고 어찌 안 나올 수 있겠소? 제자의 억울함이 조금이나마 풀리게끔 진실만을 증언하겠소. 진실은 반드시 밝혀지는 법이니까.

박구자 변호사　　증인이 원고를 얼마나 아끼는지 그 마음이 느껴지네요. 그럼 질문을 드리기 전에 증인께서 본인 소개를 해 주시기 바랍니다.

김굉필　　물론이오. 아시다시피 조광조의 스승인 김굉필이올시다.

박구자 변호사　　원고의 말에 따르면 증인의 스승이 김종직 선생이

낙향
시골로 거처를 옮기거나 이사함
을 뜻합니다.

후학
뜻이 세 가지입니다. 첫째, 학문
에서의 후배, 둘째, 학자가 자기
를 낮추어 이르는 말, 셋째, 앞날
에 도움이 될 학문이나 지식을
말합니다. 여기에서는 첫 번째
의미에 해당됩니다.

라고 하던데, 맞나요?

김굉필　맞습니다.

박구자 변호사　김종직 선생은 어떻게 만나게 되셨나요?

김굉필　김종직 선생을 만나게 된 것은 내 인생에서 최고의 행운이었소. 스승이신 김종직 선생은 고려 말에 현재의 구미 지역으로 낙향해서 학문을 연마하고 후학들을 기르셨던 길재 선생의 맥을 이으셨지요. 김종직 선생의 아버지인 김숙자 선생 또한 길재 선생의 제자였지요. 그러고 보니 저기 앉아 있는 피고도 김종직 선생으로부터 학문을 배웠소. 비록 훗날 배신하긴 했지만……

박구자 변호사　피고가 증인과 함께 학문을 배웠다고요?

김굉필　그렇소. 요즘 말로 하면 학교 동창이라고 할 수 있소.

박구자 변호사　그 말은 피고가 개인적인 욕심 때문에 스승과 동기를 배신하고 간사한 신하가 됐다는 뜻이군요.

이대로 변호사　이의 있습니다! 지금 원고 측 변호인은 본인이 원하는 대답을 듣기 위하여 교묘하게 증인을 유도하고 있습니다.

판사　인정합니다. 원고 측 변호인, 주의하세요.

박구자 변호사　주의하겠습니다. 다시 사림의 계보에 관한 이야기로 넘어가겠습니다. 증인의 말대로라면 길재로부터 김숙자, 김종직, 그리고 김굉필, 조광조로 흐름이 이어진다는 말이군요. 증인, 맞습니까?

김굉필　맞소. 그러고 보니 길재 선생에 대해 얘기를 안 했군요. 길

재 선생은 고려 멸망 후 조선이 건국되는 시기에 조선 조정에서 일하는 것을 거부하고 지방으로 낙향하셨소. 조선이 건국된 지 얼마 안 되어 태종은 사람을 시켜 길재 선생의 뛰어난 절의 정신을 기리고 관직을 주면서 조정에 나오라고 하였소. 하지만 길재 선생은 왕의 제안을 거절하고 조정으로 나가지 않았지요. 그게 어디 쉬운 일이오? 결국 그는 소박하게 삶을 마무리하였소.

박구자 변호사   증인은 길재 선생이 관직을 거절한 이유를 뭐라고 보십니까?

김굉필   길재 선생은 우리 사림들의 정신인 절의에 바탕을 두고 있었기 때문이오. 따라서 우리 사림은 절의 정신을 기초로 하고 있다고 말할 수 있소. 관직을 거절한 길재 선생과 달리 조선을 건국하는 데 참여했던 사람들은 그야말로, 음…… 그렇소. 변절자라고 할 수 있지요.

김굉필이 조선 건국에 참여했던 사람들을 가리켜 '변절자'라고 하자 법정 안이 또다시 소란스러워졌다.

판사   조용히 하세요! 원고 측 변호인은 증인의 말을 정리하시지요.

지주중류. 난세에도 의연히 절개를 지키는 인물이라는 뜻으로 길재를 기리는 비석

박구자 변호사　　네, 판사님. 길재 선생은 충분히 재산과 명예를 얻을 수 있었습니다. 하지만 그는 산골로 들어갔죠. 물론 그러한 선택을 하기가 쉽지 않았을 것입니다. 그렇다면 과연 무엇이 길재 선생을 그토록 올곧게 살도록 했을까요? 그건 바로 변치 않는 절개 정신 때문이 아니었을까 생각해 봅니다. 또한 길재 선생의 그 정신이 사림들에게 이어져 내려왔다고 봅니다. 이상입니다.

판사　　알겠습니다. 자, 다음으로 피고 측 변호인은 증인을 신문하세요.

이대로 변호사　　네. 증인에게 묻겠습니다. 증인은 우리 역사상 굉장히 뛰어난 인물로 평가받고 있음을 알고 있습니다. 그러나 조선 건국에 참여하였던 분들을 가리켜 단순히 변절자라고 말하는 것은 지나치다는 생각이 안 드십니까?

김굉필　　음…… 내가 좀 지나쳤던 것 같소. 그러나 그동안 섬겼던 고려 왕조를 배반하고 새로운 조선을 세우는 과정에 참여하였다는 사실만 생각해 보면 나처럼 말할 수도 있지 않겠소? 이 변호사가 입장을 바꿔 생각해 보면 아마 지나치다는 생각이 안 들 것이오.

이대로 변호사　　글쎄요, 과연 그럴까요? 저는 이 자리에서 자신 있게 아니라고 대답해 드리고 싶군요. 잘 아시다시피 고려 말 왕조의 사정은 회복이 불가능했다고 봅니다. 권문세족들을 중심으로 부정부패가 이루어졌기 때문이죠. 예를 들어 당시 기록을 보면 일부 권문세족이 소유한 토지가 산과 산의 경계라고 할 정도로 대단했지요. 그만큼 권문세족이 소유한 토지의 양이 상당했다는 말이지요. 이처

초근목피
풀뿌리와 나무껍질이라는 뜻으
로 맛이나 영양이 없는 거친 음
식을 비유하는 말입니다.

럼 권문세족들은 광대한 토지에 농장을 설치하고는 일반
백성들을 부당하게 노비로 만들어 일을 시켰습니다. 그야
말로 목숨과도 같은 토지를 빼앗긴 백성들은 초근목피로
연명할 수밖에 없었지요. 어디 그뿐인가요? 백성들의 영
혼을 구원하고 안식처를 제공해야 할 불교는 권문세족들과 결탁하
여 백성들의 삶은 모른 척하였습니다. 거기에다 남쪽으로는 왜구의
침략, 북쪽으로는 홍건적의 침략이 끊이지 않았습니다. 당시 백성들
이 얼마나 힘들었을지 상상이 되십니까? 따라서 당시 백성들에게
는 새로운 국가의 출현이 절대적으로 필요했던 것입니다. 이러한 상
황에서도 과연 조선의 개국 공신들이 고려 왕조를 배신했다고 할 수
있습니까? 증인, 대답해 보세요.

박구자 변호사 이의 있습니다! 지금 피고 측 변호인은 자신의 주장
을 관철시키기 위해서 감정적으로 증인을 몰아세우고 있습니다.

판사 당시 고려 말 사회상에 대한 피고 측 변호인의 이야기는 일
리가 있다고 봅니다. 피고 측 변호인, 계속하세요.

이대로 변호사 네. 지금부터 저는 당시 고려 멸망 후 조선이 건국된
상황을 이렇게 생각해 볼까 합니다. 나라 안팎으로 참으로 어려운 시
기에 새로운 왕조가 건설되었는데 당시 모든 사람들이 새 왕조가 싫
다고 시골로 내려가거나 관직을 거부했다고 생각해 보십시오. 참으
로 답답한 상황이 아닐 수 없겠지요. 이에 정도전, 조준 같은 인물들
이 조정에 나와 새로운 나라 조선을 건설하는 데 동참하였습니다. 새
로 나라가 만들어졌으니 해야 할 일이 얼마나 많았겠습니까? 법과

제도도 새롭게 만들어야 하고 도시도 새로 세워야 했겠지요. 이 모든 일들이 바로 이들에 의해서 이루어졌고, 증인이 편하게 공부할 수 있었던 것도 다 이들의 공로입니다. 증인, 어떻게 생각하십니까?

김굉필　　물론 나도 이 변호사의 말에 공감하오. 다만 내 생각은 이렇소이다. 왜 요즘 TV를 보면 정부에서 일하는 사람들이 바뀔 때 청문회 같은 거 많이 나오지 않소! 청문회를 왜 연다고 생각하시오? 바로 그 사람이 과연 그 일을 잘 해낼 만한 인물인지 알아보기 위해서이지요. 그런데 당시에는 이러한 청문회 제도가 없어서 검증되지 않은 인물들이 관직으로 진출했고 이로 인해 도덕적인 문제가 많이 발생했어요. 나는 이러한 책임을 묻고 싶은 것이라오.

이대로 변호사　　도덕적이라, 아주 좋은 말씀이십니다. 조선이라는 새로운 나라를 만들면서 도덕적으로 훌륭한 사람들을 많이 뽑았습니다. 그리고 이들 역시 좋은 나라를 만들기 위하여 끊임없이 노력하였습니다. 아울러 후손들에게 역시 도덕적인 수양을 말하지 않은 게 결코 아닙니다.

김굉필　　물론 말로는 후손들에게 도덕적 수양을 얘기하였지만, 우리 역사를 좀 살펴보면 생각이 달라질 것이오. 조선 건국 초 어렵게 나라의 기틀을 만든 뒤에 세종 대왕의 시기를 거치면서 조선은 어느 정도 안정되었다고 할 수 있소. 그런데 세종 대왕 승하 후 문종이 즉위하고 2년도 채 안 되어서 역시 승하하신 뒤 어린 단종이 즉위하였는데, 이때 단종의 주위에는 나이가 많은 삼촌들이 계셨소. 그들 가운데 한 분이 바로 세조였소. 결국 세조는 어지러운 나라를 바로잡

교과서에는

▶ 문종이 일찍 죽고 나이 어린 단종이 즉위하면서 왕권이 크게 약화되었고, 정치의 실권은 김종서, 황보인 등 재상에게 넘어갔습니다. 이에 세조는 정변을 일으켜서 김종서 등을 몰아내고 왕위에 올랐습니다.

는다는 이유로 한명회, 권람 등의 도움을 받아 계유정난을 일으켰고 그 결과 권력을 장악하게 되었지요. ▶그러고는 3년 만에 어린 단종을 강원도 영월로 쫓아내고 결국 왕위에 앉았소.

이대로 변호사　세조를 비롯해 한명회 등이 그렇게라도 하지 않았더라면 조선은 엉망진창이 되었을 것입니다. 어떻게 됐을까요? 아마 모두가 살기 힘든 나라가 되었을 겁니다. 안 그렇습니까?

김굉필   과연 그럴까요? 세조를 비롯해 한명회 등은 물론 국가의 안정을 위해서 어쩔 수 없었다고 변명할 것이오. 하지만 나 같은 사림의 입장에서 보면 이는 있을 수 없는 일이오. 또한 이렇게 세조가 왕위에 오르는 과정에서 두 번의 공신 책봉이 있었소. 다시 말해서 20여 년도 안 되는 기간 동안 다섯 번의 공신 책봉이 있었던 것이오. 다 아시다시피 공신에 책봉되면 그에 따르는 정치적 권력과 경제적 보상까지 주어졌소. 그런데 이렇게 공신 책봉이 이루어질 때 한명회, 신숙주 등은 그중 네 번이나 공신으로 책봉되었소. 그리고 그들의 처가와 외가 집안도 상당수 공신으로 여러 번 공신에 책봉되었지요. 이렇게 형성된 세력이 바로 훈구 세력이오. 그들은 자신들의 막강한 권력을 이용해 결국 많은 문제를 일으켰소이다.

이대로 변호사   존경하는 판사님, 지금 증인의 발언은 자칫 훈구 세력의 역사적 공로에 대한 의미를 축소시킬 수 있어 보완이 필요할 것 같습니다. 이에 피고가 직접 발언하기를 요청하는 바입니다.

판사   좋습니다.

이대로 변호사   오래 기다리셨습니다. 피고는 우선 본인에 대한 소개를 해 주세요.

남곤   나는 남곤이라고 합니다. 조선의 개국 공신인 남재의 후손이지만 직계 자손은 아니죠. 아까 김굉필이 말했듯이 김종직 문하에서 수학하였지요.

김굉필   뭐라? 저, 저자가 말하는 본새 좀 보게! 어서 스승이라는 단어를 붙이지 못할까!

이대로 변호사   존경하는 판사님, 발언권도 없는 증인이 감정을 절제하지 못하고 소란스럽게 하고 있습니다. 이는 신성한 법정에 대한 모독입니다.

박구자 변호사   이의 있습니다. 피고 역시 최소한의 예의도 갖추지 않은 채 발언했으므로 이 또한 신성한 법정에 대한 모독이라고 생각합니다.

판사   두 변호인의 의견 모두 인정합니다. 피고와 원고 측 증인은 주의하도록 하세요. 지금부터 법정을 모독하는 행위가 또다시 인정되면 즉각 퇴장시키도록 하겠습니다. 두 변호인들도 주의하십시오!

박구자 변호사, 이대로 변호사   주의하겠습니다.

판사   좋습니다. 피고 측 변호인, 질문 계속하세요.

이대로 변호사   네. 피고는 다시 한 번 자기소개를 해 주시기 바랍니다.

남곤   나는 남곤이라고 합니다. 사림의 영수라고 할 수 있는 김종직 선생 문하에서 수학하였지요. 당시 나는 으뜸가는 문장가로 이름을 날리기도 했소.

이대로 변호사   원고와는 어떻게 알게 되셨나요?

남곤   먼저 원고의 스승이며 오늘 증인으로 출석한 김굉필 선생은 나처럼 김종직 선생에게 학문을 배웠습니다. 같은 동문이라고는 하지만 저는 스승님이 서울에 올라와 계실 때 배웠고 김굉필 선생은

왜 조광조는 훈구 세력을 몰아내려 했을까?

지방에서 배웠기에 서로 잘 알지는 못합니다. 그저 명성만 들었을 뿐이지요. 원고 역시 제 스승인 김종직 선생의 학문을 계승했다고 하지만 서로 교류는 없었습니다. 다만 그의 명성만 일찍 들어서 알고 있었을 뿐입니다.

이대로 변호사　그렇다면 원고와 서로 교류하지 않은 이유가 있었나요?

남곤　그렇습니다. 딱히 서로 간에 다툼이 있어서 사이가 멀어진 것은 결코 아닙니다. 우리는 서로 생각이 너무나 달라서…… 그래서 다른 길을 걷게 되었던 것뿐입니다. 원고는 중종반정 이후 조정에 나와서 언제나 꿈같은 이야기만 했어요. 물론 원고가 유교적 이상 정치를 펼치기 위해서 다양한 개혁을 시도한 노력만큼은 나도 인정합니다. 하지만 원고는 자신과 자신을 추종하는 세력들이 생각하는 이상 정치만 펼치려고 했습니다. 나는 원고의 그런 모습을 지켜보면서 얼마나 안타까웠는지 모릅니다.

이대로 변호사　혹시 당시 원고에게 충고 같은 것을 해 주었나요?

남곤　물론 나는 원고에게 충고하려고 했습니다. 하지만 원고는 자신과 의견이 다르다는 이유로 무조건 나를 멀리했죠. 그리고 중종반정을 통해 왕이 된 중종을 방패삼아 나와 나의 동료인 심정, 홍경주 등을 무자비하게 핍박하기 시작했어요. 오히려 소송을 걸어야 할 사람은 바로 나입니다. 자신과 생각이 다르다는 이유만으로 권력을 이용해서 나를 짓밟으려고 했던 자가 바로 원고입니다.

이대로 변호사　그렇군요. 당시 원고는 어떤 식으로 훈구 세력을 핍박했나요?

남곤　당시 사림 세력은 대부분 젊은이들이었습니다. 뭐든 과격한 방법으로 해결하려 했죠. 자신들과 뜻이 맞지 않는 훈구 세력인 나와 심정, 홍경주 등을 소인이라고 비난했습니다. ▶그리고 사간원, 사헌부, 홍문관을 장악하여 우리 훈구 세력들의 목을 조르기 시작했지요.

이대로 변호사　어쩌면 목숨까지도 내놔야 하는 상황이 올 수도 있었군요?

남곤　그렇습니다. 정말로…… 가만히 있다가는 우리 훈구 세력의 목숨까지도 내놔야 할 상황이었습니다. 지금 생각해도 참으로 울분이 터집니다.

이대로 변호사　당시 왕은 이 사실을 알았나요?

남곤　알 수가 없었죠. 왜냐하면 왕의 뒤에는 항상 사림 세력이 버티고 있었기 때문입니다. 중종 임금의 자리가 위태로워질 수 있는 순간이었습니다. 왜냐하면 그들은 전혀 타협을 모르는 자들이었으니까요. 그래서 나의 동갑내기 친구인 심정과 함께 조광조를 제거할 수밖에 없었습니다. 바로 조선을 위해서였죠.

이대로 변호사　그랬군요. 존경하는 판사님, 지금 이 자리에 왜 피고가 있어야 하는지 의문이 듭니다. 증인의 말과 달리 오히려 피고는 피해자라고도 할 수 있습니다.

박구자 변호사　이의 있습니다. 피고 측 변호인은 증인 신문도 거치지 않고 피고의 개인적인 생각으로만 재판을 진행하고 있습니다.

교과서에는

▶ 과거를 통하여 중앙에 진출한 사림 세력은 주로 삼사의 언관직을 차지하고 훈구 세력의 비리를 비판했습니다.

왜 조광조는 훈구 세력을 몰아내려 했을까?

판사   인정합니다. 피고 측 변호인은 지금부터 피고가 아닌 증인을 신문하기 바랍니다.

이대로 변호사   알겠습니다. 증인, 원고와 피고는 한 스승 밑에서 공부한 걸로 알고 있습니다. 이것이 뜻하는 바가 무엇이죠?

김굉필   바로 사림 세력과 훈구 세력의 뿌리가 같다는 것을 뜻하오.

판사   뿌리가 같다는 말은 사림 세력과 훈구 세력이 원래는 하나였다 이 말이군요.

이대로 변호사   증인에게 확인해 보겠습니다. 증인, 맞나요?

김굉필   그렇소. 사림 세력과 훈구 세력의 뿌리는 고려 말 권문세족에 대항했던 신진 사대부라고 할 수 있소. 사대부는 성리학을 배움의 기본으로 삼고 당시 권문세족들의 폐단을 시정하려고 하였던 사람들이오. 앞서 언급된 길재 선생도 마찬가지라고 할 수 있어요. 여기에는 정몽주, 이색을 비롯해 정도전, 조준 등이 포함된다오. 그러나 조선이 건국되면서 이들 가운데 일부는 새로운 조선에 참여하는 것을 거부하고 지방으로 내려가서 훗날 사림 세력의 기원이 되었던 것이오. 반면 훈구 세력은 새로운 나라를 건설하는 데 힘을 기울여 조선을 세웠던 것이오.

이대로 변호사   그렇군요. 증인은 사대부가 성리학을 기본으로 삼고 있다고 했습니다. 그렇다면 유교 정신이란 과연 무엇인지 알기 쉽게 설명해 주시겠습니까?

김굉필   알겠소. 수~신~제~가~치~국~평~천~하! 수신~제가~치국~평천하!

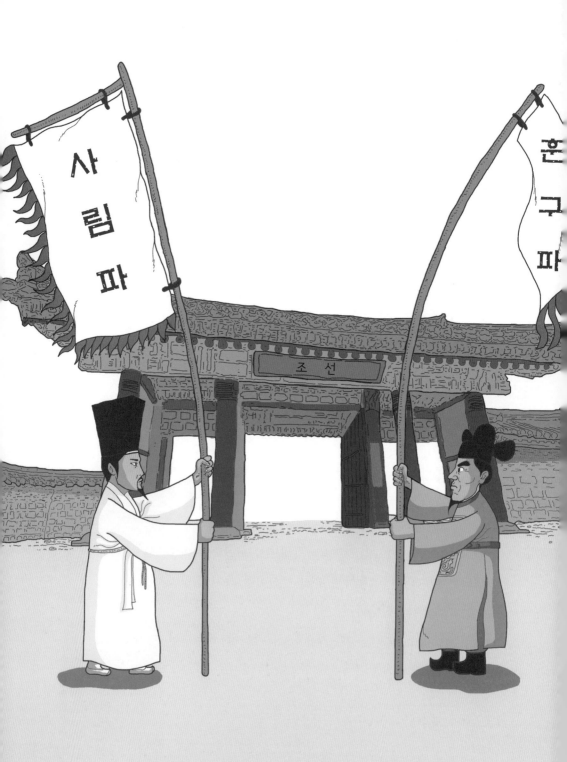

이대로 변호사   아니, 증인! 신성한 법정에서 왜 갑자기 노래를 부르십니까?

김굉필   이 변호사, 유교에서 말하는 가장 이상적인 상태가 바로 수신제가치국평천하(修身齊家治國平天下)라오. 이대로 변호사의 이름처럼 그저 이대로만 실천하면 가장 좋겠지만, 사실 신하 입장에서 자신의 수양에만 힘을 기울이는 것은 옳지 못하오. 생각해 보시오, 새로운 나라가 건국되었으니 얼마나 할 일이 많겠소?

수신제가치국평천하
심신을 닦고 집안을 바로잡은 다음 나라를 다스리고 천하를 평정해야 한다는 뜻을 담고 있습니다.

판사   법도 정비해야 하고 각종 제도도 만들어야겠죠.

김굉필   맞소이다. 그래서 관료들은 주로 나라를 건설하는 데 필요한 학문을 연마하게 되었소. 또한 당장 국가 건설에 필요한 사람을 뽑는 데 주력하였지요. 그래서 이들을 관학파라고 부르게 된 것이오.

이대로 변호사   증인의 말대로라면 관학파는 사림 세력의 기원이라고 할 수 있는 길재 선생 등이 지방으로 가서 자신의 수양을 위해 학문을 닦은 것과는 크게 다르군요. 다시 말해서 관학파는 자신보다는 나라와 백성들이 더 중요했던 것이군요. 그렇다면 여기서 반드시 확인해야 할 것이 있는데요, 우리 피고와 같은 훈구 세력이 관학파의 후예라고 할 수 있겠군요?

김굉필   그렇소.

유도한 대답을 얻자 이대로 변호사는 의기양양하게 증인에게 가까이 다가갔다. 이에 증인은 당황한 듯 어깨를 움츠렸다가 이내 말을 이었다.

김굉필　물론 이대로 변호사의 말대로 조선 건국 직후의 상황에서 관학파들의 활동을 긍정적으로 볼 수 있소. 하지만 내 생각은 전혀 다르오. 급한 불 끄자고 천륜을 어길 수 없는 것이기 때문이오. 세조께서는 어린 조카 단종을 폐위시키고 결국 죽음으로까지 몰고 갔소. 이것이 있을 수 있는 일이오?

이대로 변호사　물론 증인의 의견에 동의합니다. 하지만 세상살이가 어디 내 마음대로 다 됩니까? 그렇지 않다는 것을 증인이 더 잘 아시지 않습니까? 이 점은 세조가 왕위에 오르게 된 배경을 살펴보면 이해될 수도 있을 것 같습니다. 증인, 황표정사에 대해 알고 계시나요?

김굉필　물론이오. 세종의 뒤를 이어 문종께서 즉위하셨으나, 평소 병을 앓고 계셨던 문종은 2년도 채 안 되어 승하하였소. 그 후 여덟 살이었던 단종이 왕위에 올랐소. 어쩔 수 없이 김종서, 황보인 등이 어린 왕을 대신해서 국정을 운영하게 되었지요.

이대로 변호사　그게 있을 수 있는 일입니까?

김굉필　네?

이대로 변호사　단종이 왕위에 오르자 있을 수 없는 일들이 생겼습니다. 바로 당시 원로대신인 김종서나 황보인 등이 어린 왕을 대신해서 권력을 장악한 것입니다. 왕의 나이는 고작 여덟 살, 마음만 먹

　왜 조광조는 훈구 세력을 몰아내려 했을까?

으면 권력을 장악하기 쉬웠겠죠. 어린 단종은 그야말로 허수아비 왕이었던 것입니다! 또한 김종서 등은 인사를 하는 과정에서 자신이 원하는 사람이 뽑히게끔 왕을 조종하였습니다. 이것이 바로 황표정사입니다. 증인, 맞습니까?

김굉필　그 황표정사라는 것은…….

이대로 변호사　맞는지 안 맞는지에 대해 묻고 있습니다. 증인, 대답하세요!

박구자 변호사　이의 있습니다. 피고 측 변호인은 위협적인 분위기를 조성해서 답변을 유도하고 있습니다.

판사　인정합니다. 주의하세요. 피고 측 변호인에게 묻겠습니다. 황표정사가 무엇이죠?

이대로 변호사　관리를 뽑을 때 최종 세 명의 후보자를 정해 왕에게 보고하면 왕이 그중 한 사람을 뽑는데, 황표정사란 왕에게 올리는 최종 후보자 명단 중 자신들이 뽑고자 하는 인물의 이름 옆에 노란색 표시를 해서 올렸던 것을 말합니다. 그러면 왕은 김종서 등이 올린 명단에서 노란색 표시가 되어 있는 사람을 뽑을 수밖에 없었습니다. 이를 황표정사라고 합니다. 이처럼 어린 단종이 왕위에 올랐을 때 신하들은 국왕을 무시하고 국정을 함부로 휘둘렀습니다. 증인은 황표정사에 대해 어떻게 생각하십니까?

김굉필　당시 단종의 나이는 여덟 살이었습니다. 신하들이 나라를 다스리는 데 부족했던 어린 왕을 도와준 게 잘못된 것이라뇨? 말도 안 됩니다. 죄라면 잘못 도움을 드린 것이라고 해야 하지 않을까요?

무릇 훌륭한 정치란 왕 혼자서 모든 국정을 운영하는 게 아니지요.
이런 맥락에서 우리 사림들은 왕도 정치를 주장한 것이오.

이대로 변호사　왕도 정치! 좋지요. 그렇다면 증인이 생각하는 왕도
정치란 무엇입니까?

김굉필　어허, 이대로 변호사는 젊은 사람이라 그런지 성격도 급

하구려! 내 얘기를 한번 들어 보시오. 우리 사림들이 이상적으로 생각하는 왕도 정치는 왕이 나라에 관련된 문제를 혼자 결정하는 것이 아니라오. 왕이 현명한 신하를 선택하면, 그 선택된 신하가 정책을 시행하고 책임까지 지는 것이 바로 왕도 정치라오. 왜냐하면 훌륭한 왕이 되기 위해서는 신하들의 역할이 더 중요하기 때문이오. 이렇게 본다면 단종이 왕위에 올랐던 초기는 왕도 정치를 행하기 좋은 시기였다고 할 수 있소. 더구나 김종서나 황보인 등이 모두 앞서 세종 때 집현전 출신이라는 점을 감안한다면 이들이 권력을 농단했다고 볼 수는 없을 것 같소. 그들은 자신들이 공부했던 왕도 정치를 실현하려고 했던 것으로 이해하여야 할 것이오.

이대로 변호사　　하지만 그렇다고 해서 어린 왕을 허수아비로 만드는 게 잘하는 겁니까? 세조의 입장에서는 상상할 수도 없는 일이었습니다. 결국 세조나 한명회 등은 왕조 국가에서 왕의 권위를 다시 회복하고 정상적인 국가 체제를 유지하려고 했던 것이라고 이해됩니다.

판사　　세조 대 이후 여러 번 공신 책봉이 이루어졌고 그때 책봉된 사람들이 훈구 세력으로 발전하면서 거대한 권력을 지니게 됐다는 사실은 분명한 것 같습니다. 그리고 그 결과 여러 가지 문제점이 발생하게 된 것이 아닙니까?

이대로 변호사　　존경하는 판사님, 여러 가지 문제점이란 무엇을 말씀하시는 것입니까?

판사　　예를 들면 인사 청탁 행위가 벌어진 것, 훈구 세력이 전국에

방납

조선 전기에 상인들이나 하급 관리들이 가난한 백성을 대신하여 공물을 나라에 바치고 백성으로부터 대가를 받아 내던 일을 말합니다. 이것은 조선 중기·후기 때 여러 가지 공물(貢物)을 쌀로 통일하여 바치게 한 납세 제도인 대동법으로 발전하였습니다.

걸쳐 광범위한 농장을 설치한 것, **방납(防納)**의 폐단 등을 말합니다. 물론 이에 대한 논쟁도 있습니다만, 우선 훈구 세력의 권력이 커짐에 따라 어떤 일이 발생했는지 알아볼 필요가 있습니다. 이에 대해 어떻게 생각하는지 원고와 피고 측 변호인의 의견을 듣고 싶군요. 먼저 원고 측부터 발언하세요.

박구자 변호사 조금 전 판사님이 말씀하신 것은 훈구 세력에게 권력이 집중되면서 발생한 문제점들이 맞습니다. 당시 하급 관리가 상급 관리에게 인사 청탁을 하는 행위인 '분경'이 발생하였습니다. 이미 '분경 금지법'이 제정되었지만 분경은 계속되었지요. 예종 대에는 함경도 관찰사 박서창이 신숙주에게 자신의 노비를 보내 승진을 부탁하는 편지를 전달한 것이 그 예라고 하겠습니다. 이외에도 훈구 세력 때문에 나타난 문제점에 대해 알아보기 위해 김굉필 증인을 다시 신청합니다.

판사 좋습니다.

박구자 변호사 당시 훈구 세력이 확대되면서 조선 전기 사회에 드러났던 문제점이 무엇입니까?

김굉필 훈구 세력은 지금의 거대 재벌과 같았소. 훈구 세력은 전국에 많은 농장을 소유하고 있었고 자신과 친한 사람을 지방관으로 보냈소. 또한 집안의 노비들을 통한 공물의 방납 등으로 큰 이익을 얻고 있었지요. 이런 과정에서 백성들이 높은 이자와 지대 등으로 막대한 피해를 보게 된 것은 당연한 결과라고 할 수 있지요. 다시 말해

서 훈구 세력들은 권력을 이용해서 부를 축적했던 것이오.

박구자 변호사　　증인의 말을 정리해 보면 조선 전기의 훈구 세력은 어쩌면 왕보다 더 영향력이 있었을 것으로 추정됩니다. 또한 왕의 입장에서는 훈구 세력으로 인해 백성들이 피해를 입자 해결책을 마련했을 것 같은데요?

김굉필　　맞소이다. 왕은 훈구 세력을 방치하다가는 상황이 더욱 심각해질 것을 걱정했소. 결국 왕은 훈구 세력을 견제하기 위해 우리 사림 세력을 주목하기 시작했지요. 그렇게 해서 우리는 민본 정치를 내걸고 개혁을 시작했소.

판사　사림 세력이 어떻게 조정으로 진출했는지 궁금하군요.

박구자 변호사　저 역시 마찬가지입니다. 증인, 당시 사림 세력이 조정에 진출하게 된 배경에 대해 자세하게 말씀해 주시겠습니까?

김굉필　앞서 말한 바와 같이 우리 사림 세력은 조선 왕조가 건국될 때 불사이군(不事二君)의 정신을 내세우며 지방으로 내려간 길재 선생으로부터 시작된다고 보면 될 것이오. 그 후 길재 선생 밑에서 김숙자라는 분이 학문을 배웠는데 그분이 바로 내 스승인 김종직 선생의 아버지였소. 김종직 선생은 아버지로부터 학문을 전수받았고, 1459년(세조 5) 문과에 급제하면서 관직 생활을 시작하셨소. 사실 예전 같으면 나의 선생님은 과거 급제를 하지 못했을 것이오.

박구자 변호사　과거란 학문이 뛰어나면 급제할 수 있는 거 아닌가요?

김굉필　물론 기본적으로는 학문이 우선시됩니다만 순수하게 학문만으로 급제한다고는 볼 수 없었소. 더구나 김종직 선생께서 길재 선생의 학문을 이었다는 것만으로도 조정에서 반대하는 사람들이 있을 수 있었지요. 결국 나의 스승이 과거에 급제할 수 있었던 것에 대해서는 여러 가지 정치적 상황이 함께 고려되어야 할 것이오. 김종직 선생은 과거에 급제한 후 승문원 박사, 예문관 봉교, 함양 군수, 우부승지, 공조 참판 등을 역임하셨지요. 특히 함양 군수로 계실 때 유자광과 관련해 유명한 일화가 전해지고 있소.

박구자 변호사　무슨 일화를 말씀하시는 것인가요?

김굉필   함양 군수로 재직하던 당시 김종직 선생은 일을 하면서 틈틈이 유생들을 가르치셨소. 그러던 어느 날 선생은 신라 말 유학자인 최치원 선생이 지었다고 알려진 건물인 학사루에 올랐소. 김종직 선생은 주변 경치를 구경하다가 벽에 걸려 있던 시를 보게 되었소. 그 시는 유자광의 것이었는데, 선생께서

경남유형문화재 제90호로 지정된 함양 학사루

는 "자광이 따위가 감히 현판을 걸었단 말이냐?"라고 말하며 즉각 사람을 시켜 현판을 떼어 불태워 버렸소. 선생께서는 권력에 아부했던 유자광이라는 사람의 시조차도 보기 싫었던 것이오. 그때 시를 없애지 않았더라면 아마 백성들이 읽어 봤을 것이오.

박구자 변호사   결국 시가 부착된 현판을 불태워 버린 것은 백성들의 교화를 위해 필요했던 일이네요.

김굉필   그렇소.

박구자 변호사   당시 조선의 조정은 어떤 상황이었나요?

김굉필   세조 승하 후 예종이 왕위에 올랐다가 얼마 안 되어 성종이 왕위에 올랐소. 성종 임금은 형이 있었지만 장인 한명회의 힘으로 왕이 될 수가 있었소.

박구자 변호사   장인의 힘으로 왕이 되었다면 왕이 된 후에도 장인의 간섭을 받았을 것 같은데요. 어땠나요?

교화
가르치고 이끌어서 좋은 방향으로 나아가게 함을 말합니다.

수렴청정
왕이 어린 나이로 즉위하였을 경우 왕대비나 대왕대비가 어린 왕을 도와 정사를 돌보던 일을 말합니다.

김굉필   정답이오. 성종이 왕이 된 후 한명회의 입김이 강하게 작용할 것임은 누가 봐도 알 수 있었소. 그것도 모자라 한명회와 사돈인 정희 왕후(세조의 왕비) 또한 수렴청정을 하였소이다.

박구자 변호사   성종이 장인과 사돈의 눈치를 보느라 아주 힘들었겠네요. 그렇다면 정희 왕후의 수렴청정은 언제 끝났나요?

김굉필   성종이 왕위에 오른 지 7년이나 지나서요. 이때 성종 임금은 나의 스승인 김종직 선생을 눈여겨보고 조정으로 불러들였소. 그렇게 해서 우리 사림 세력이 나라를 위하여 일을 할 수 있게 된 것이오.

박구자 변호사   중종과 마찬가지로 성종 역시 김종직 선생 그리고 증인과 같은 사림 세력들이 필요했던 것이군요. 증인의 말을 정리해 보면, 성종은 사림의 전통을 이어 온 김종직 선생뿐만 아니라 증인과 같은 사림 세력을 많이 등용했음을 알 수 있습니다. 아마도 그 출발이 증인의 스승인 김종직 선생을 파격적으로 발탁한 것이 아닐까 생각됩니다.

그렇다면 여기서 주목해야 할 점은 사림 세력들이 많이 뽑히게 된 배경입니다. 증인의 말처럼 성종은 왕위에 오른 뒤 제대로 된 정치를 펼칠 수 없었습니다. 왜 그랬을까요? 바로 훈구 세력 때문이죠. 당시 성종은 훈구 세력보다 힘이 약했을 테니까요.

이대로 변호사   이의 있습니다! 원고 측 변호인은 증거도 없이 성종의 무능력함의 원인을 훈구 세력 때문이라고 하고 있습니다!

판사   인정합니다. 원고 측 변호인, 주의하세요. 또한 여기서 사림 세력이 조정으로 진출하게 된 배경에 대해 더 자세하게 알아볼 필요가 있는 것 같습니다. 원고 측은 계속 발언하세요.

박구자 변호사　　앞서 말씀드린 바와 같이 성종은 왕위에 오른 뒤 본인이 추구하는 정치를 제대로 펼 수가 없었습니다. 맞습니까, 증인?

김굉필　　그렇소. 다들 알다시피 훈구 세력의 힘은 대단했소. 훈구 세력의 권력이 뻗치지 않는 곳이 없었지요. 훈구 세력은 관직을 독차지하고 넓은 토지를 소유하였소. 또한 자신의 권력을 바탕으로 백성의 토지를 함부로 빼앗는 불법을 자행하고 있었소. 그랬기 때문에 세조가 죽고 성종이 왕위에 오를 때에도 그들은 여전히 막강한 권력을 유지할 수 있었던 것이오. 훈구 세력의 정치적, 사회적 비리가 계속 드러나자 성종 임금은 훈구 세력에 대항할 힘이 필요했소. 이러한 상황에서 성종 임금은 사림 세력을 주목하게 되었소. ▶이로 인해 성종 임금 때부터 사림들이 본격적으로 중앙 정치에 참여하게 되었지요.

박구자 변호사　　당시 사림 세력의 힘은 어느 정도였죠?

김굉필　　솔직히 말하자면 당시 우리 사림 세력의 힘은 아직 훈구 세력을 공격할 수 있는 입장은 아니었소. 자칫 무모한 대결을 하려고 했다면 아마 사림 세력이 매번 졌을 것이오.

박구자 변호사　　성종도 그렇게 생각했을까요?

김굉필　　물론이오. 그리고 성종 임금은 조선의 어느 왕보다 현명한 왕이었소. ▶▶성종 임금은 훈구 세력의 비리를

교과서에는

▶ 성종이 훈구 세력을 견제하기 위해 사림 세력을 중용했기 때문에 훈구 세력과 사림 세력이 균형을 이룰 수 있었습니다.

▶▶ 성종은 홍문관을 두어 집현전을 계승했으며, 정승을 비롯한 주요 관리들도 다수 경연에 참여할 수 있게 했습니다. 이로써 경연은 왕과 신하들이 모여 정책을 토론하고 심의하는 중요한 자리가 되었지요.

처단하기 위해 홍문관이라는 기관을 설치했소.

박구자 변호사   홍문관에선 어떤 일을 하였나요?

김굉필   홍문관은 관원들의 비리를 탄핵하는 역할을 하였소. 성종 임금은 중앙에 진출해 있던 우리 사림들에게 홍문관을 맡겼소. 당시 훈구 세력들은 자신들의 농장 관리를 위해 측근들을 지방관으로 파견하였는데, 성종 임금은 홍문관 관원들을 그쪽으로 보내 수

왜 조광조는 훈구 세력을 몰아내려 했을까?

령들의 비리를 조사하도록 하였소.

박구자 변호사　일종의 암행어사인가요?

김굉필　그렇소. 암행어사와 비슷하게 감찰 활동을 하며 수령들의 비리를 조사했소. 그리고 그 결과는 왕에게 직접 보고하도록 되어 있었소.

박구자 변호사　그러한 활동으로 훈구 세력을 견제하려고 했군요. 그렇다면 증인은 단순히 홍문관을 설치하였다고 해서 성종을 훌륭한 왕으로 보는 건가요?

김굉필　어허, 그럴 리가 있겠소! 성종 임금은 홍문관을 설치해 훈구 세력과 사림 세력의 정치적 균형을 잡았던 것이오. 이것이 어디 쉬운 일이오? 아, 물론 성종 임금이 이러한 정치를 펼칠 수 있었던 것은 사림 세력이 훈구 세력과 대적할 수 있을 정도로 성장하였기 때문이지요.

박구자 변호사　증인의 말을 정리해 보면 사림 세력이 본격적으로 조정에 진출한 시기는 성종 대부터라고 할 수 있습니다. 사림 세력이 조정에 진출하게 된 가장 큰 이유는 거대한 권력으로 부를 축적하고 있던 훈구 세력의 비리 때문이라고 할 수 있습니다. 결국 성종은 훈구 세력을 견제하기 위해 사림 세력을 불러들였던 것입니다. 동시에 이는 역사적으로 사림 세력의 성장을 의미한다는 점도 함께 고려되어야 할 것입니다. 이상입니다.

사육신의 절창

절창은 흔히 뛰어난 노래를 뜻하지만, 용어 자체는 끊을 절(絶), 노래할 창 (唱) 자를 써서 '목숨을 건 노래'를 가리키기도 합니다. 사육신은 세조가 단종 을 몰아내고 왕이 되었을 때 이를 부정하고 끝까지 단종을 왕으로 섬기려다 처형당한 6명의 신하를 말하지요. 단종 복위 운동이 실패로 끝나 사육신은 세 조에 의해 가혹한 고문을 당한 뒤 결국 처형되었지만, 이들은 죽어 가는 순간 에도 단종을 향한 충심과 지조를 버리지 않았습니다.

사육신이 죽음을 눈앞에 둔 순간 자신들의 목숨을 걸면서까지 마지막으로 지켜야 했던 마음은 무엇이었을까요? 성삼문은 남들이 모두 단종에 대한 절 개를 꺾을지라도 자신만은 큰 소나무가 되어 흰 눈이 내렸을 때 홀로 푸름을 지키겠다고 말했지요. 또한 처형을 앞두고는 세조를 왕이 아닌 '나리'라 부르 며 "나리의 형벌이 매우 독하다"라고 했다고 합니다. 이외에도 이들 사육신이 남긴 시는 오늘날까지 전해져 여전히 우리들의 마음을 울리고 있습니다.

> 이 몸이 죽어 가서 무엇이 될꼬 하니
> 봉래산 제일봉에 낙락장송 되었다가
> 백설이 만건곤할 제 독야청청하리라.
> – 성삼문

북소리 목숨 앗길 재촉하는데
머리 돌려 바라보니 해도 저무네.
황천엔 객점 하나 없다 하거니
오늘 밤 뉘 집에 가 잠을 자리오.

  – 성삼문

간밤에 불던 바람 눈서리 치단 말가
낙락장송이 다 기울어 가는구나.
하물며 못다 핀 꽃이야 일러 무엇하리오.

  – 유응부

방 안에 켠 촛불 누구와 이별하였기에
겉으로 눈물지고 속 타는 줄 모르는가.
저 촛불 나와 같아서 속 타는 줄 모르는구나.

  – 이개

2 중종은 왜 조광조를 등용했을까?

이대로 변호사   판사님! 증인 김굉필의 발언 중에서 일리가 있는 부분도 있습니다. 하지만 훈구 세력의 활동 시기는 조선 초기였습니다. 이러한 시대적 상황을 고려했을 때 훈구 세력의 장점이 너무 축소된 것 같아 아쉬움이 남습니다. 아울러 증인의 말이 사실이라면 사림 세력은 대체로 세조 때부터 중앙 정치에 진출하였고 이 또한 세조의 배려라고 하였습니다. 그럼에도 불구하고 세조를 비난한 것은 신하 된 도리가 아니지 않습니까?

판사   사림 세력이 세조를 비난했다는 이야기는 처음 듣습니다. 이것이 사실이라면 확실히 짚고 넘어가야 할 필요가 있을 것 같습니다. 우선 피고 측 변호인은 잠시 흥분을 가라앉히시고 원고 측 변호인부터 말씀하세요.

왜 조광조는 훈구 세력을 몰아내려 했을까?

박구자 변호사　존경하는 판사님, 피고 측 변호인은 아마도 연산군 초에 발생한 무오사화의 원인이 된 「조의제문(弔義帝文)」을 말하는 것 같습니다. 「조의제문」이 무엇이며 이로 인해 어떤 사건이 발생했는지 알아보려 합니다. 이에 대해 원고를 신문해도 되겠습니까?

판사　좋습니다.

박구자 변호사　원고는 「조의제문」이라는 글에 대해서 아시나요?

조광조　네. 보통 왕이 승하하면 다음 왕대에 실록이 편찬됩니다. 실록이 편찬되기 위해서는 전 왕대의 기록이 필요한데 이때 다양한 자료들이 활용되고 그중 하나가 사관들이 기록한 사초입니다. 연산군 초에 『성종실록』을 편찬하기 위해서 성종 대의 사관들로부터 사초를 받았는데 그중 김일손의 사초 가운데서 발견된 것이 바로 그 「조의제문」이라는 글입니다.

박구자 변호사　그렇다면 「조의제문」은 어떤 글이지요?

조광조　사림의 우두머리라 할 수 있는 김종직 선생께서 신하인 항우에게 시해당한 초회왕 즉 의제를 애도하면서 지은 글입니다.

박구자 변호사　그 글이 왜 문제가 된 것이지요?

조광조　김종직이 지은 「조의제문」을 제자인 김일손이 사초에 수록하였기 때문입니다. 당시 『성종실록』 편찬 책임을 맡았던 이극돈과 유자광 등이 사초에서 이 글을 보고, 이를 세조의 왕위 찬탈을 빗대어 지은 글이라고 연산군에게 고하였기 때문입니다. 즉 항우는 세조로, 초회왕은 단종으로 비유해서 신하의 입장에서 단종을 시해한 세조를 비난했다는 것이었지요.

박구자 변호사　김종직 선생에게 그런 뜻이 없었다고 확신하십니까?

조광조　음…… 뭐, 전혀 없었다고 할 수는 없습니다만, 하지만 이 글이 반드시 세조를 풍자했다고 볼 수도 없습니다. 왜냐하면 이극돈, 유자광 등이 김종직 선생께 개인적인 원한을 품고 의도적으로 몰아갔기 때문입니다.

이대로 변호사　뭐라고요? 개인적인 원한이라고요?

판사　피고 측 변호인, 발언권을 얻은 후 발언하시기 바랍니다.

이대로 변호사　죄, 죄송합니다.

판사　반론하시겠습니까?

이대로 변호사　네. 아…… 물론 이극돈이나 유자광 등이 사림 세력 쪽에 개인적인 불만이 있었던 것은 사실입니다. 그러나 이 문제를 이해하려면 연산군 초반의 분위기도 함께 생각해야 합니다. 연산군은 부친인 성종이 죽은 후 왕위를 계승했고, 아버지의 장례를 불교식으로 치르려고 하였습니다.

판사　반대가 심했을 것 같군요.

이대로 변호사　그렇습니다. 당시 성리학으로 똘똘 뭉친 유생들과 사림 세력이 이를 반대하고 나섰지요. 결국 성종의 장례는 유교식으로 치르게 되었습니다. 연산군은 자신의 아버지 장례조차 마음대로 치르지 못하게 되자 이를 왕권이 약화되었기 때문이라고 생각하였습니다.

판사　충분히 일리가 있습니다. 계속 말씀하세요.

이대로 변호사　연산군이 왕권을 강화하려고 생각하던 터에 이극

　왜 조광조는 훈구 세력을 몰아내려 했을까?

돈 등이 「조의제문」 문제를 제기하였고 그 결과 많은 사람들이 화를 당하게 되었죠. 다시 말씀드리자면 '무오사화'는 왕권을 강화하려고 했던 왕과 훈구 세력, 그리고 이를 반대하는 사림 세력의 다툼의 결과라고 할 수 있습니다.

판사 이에 대해 원고 측 변호인의 생각이 궁금하군요.

박구자 변호사 피고 측 변호인의 말씀대로 연산군 초반의 정치적 상황이 무오사화를 일으켰다고 할 수 있습니다. 원고의 스승인 김굉필 선생도 이때 화를 당해 유배 생활을 하였지요. 그러나 사림 세력 입장에서 본다면 무오사화는 분명 억울한 점이 있다는 것을 말씀드리겠습니다.

판사 계속하세요.

박구자 변호사 네. 사림 측 주장대로 사림이 절의를 숭상하고 이런 학문 원칙에 따라 「조의제문」과 같은 글을 지었다는 점은 잘 알겠습니다만, 무오사화로 인해 상당수의 사림들이 화를 당했다고 하는데 원고와 같은 사림 세력이 어떻게 정치적으로 재기할 수 있었을까요? 원고는 대답해 주세요.

조광조 사림 측의 입장에서는 무오사화 이후 대단히 힘든 시간을 보냈습니다. 그런 데다 이후에도 사화가 한 차례 더 발생했지요. 갑자사화를 말하는 것입니다. 사실 갑자사화는 사림 측하고는 아무 상관도 없는 사건이지요. 그런데도 여기에 일부 사림들이 연루됨으로써 역시 사화라고 불리게 되었답니다.

박구자 변호사 사화를 또 한 번 겪었다고요?

왜 조광조는 훈구 세력을 몰아내려 했을까?

조광조　　그렇습니다. 정말로 힘든 시간이었지요. 그러나 우리 사림은 결코 좌절하지 않았어요. 힘든 나날을 보내면서도 더욱 학문에 정진하였고 또 배운 것을 실천하려고 노력하였습니다. 그 예를 든다면『소학』의 실천입니다. 내 스승 김굉필 선생은『소학』을 중시하여 "모든 학문의 입문이며 기초인 동시에 인간 교육의 절대적인 원리다"라고 말씀하셨지요.

박구자 변호사　　김굉필 선생이『소학』을 중시했다고 말씀하셨는데, 『소학』은 성리학을 집대성한 주희 선생과 관련된 책이 아닌가요?

조광조　　그렇습니다.『소학』은 주희 선생과 제자들이 함께 만든 책으로, 8세『소학』이요 15세『대학』이라는 말이 있듯이 학문의 가장 기초가 되는 책이지요. 성리학에서는『소학』을 상당히 중시하였는데요. 이는『소학』에서 다루는 내용이 어린아이들이 일상생활에서 행해야 할 예의범절과 어른을 섬기는 도리, 그리고 벗과 사귀는 도리 등이었기 때문이지요. 학문의 가장 기초이자 동시에 성리학적 사회 실천 윤리를 담고 있는 대단히 중요한 책이랍니다. 조선이라는 나라가 성리학을 우선시하던 나라이기에 당연히 건국 이후『소학』교육의 중요성이 언급되기는 하였지요. 그러나 조선 초 유생들은『소학』을 암기의 대상으로만 생각하였지 이를 실천하려는 노력이 부족하였어요. 반면 사림들은『소학』을 중시하여 김굉필 선생의 스승이신 김종직 선생께서도 함양 군수로 재직할 때 유생들에게『소학』을 먼저 공부하도록 하셨지요.

박구자 변호사　　그렇군요. 원고의 말에 따르면 사림들은 학문의 출발을 『소학』에 두었으며 이를 통해 먼저 자기의 몸을 도덕적으로 수양하는 데 치중하였다는 것을 알 수 있습니다. 이상입니다.

판사 사림의 사상을 이해하는 데 큰 도움이 됐습니다. 이제 원고가 조정에 나아가게 된 과정을 한번 살펴봐야 할 것 같습니다. 이번에는 피고 측 변호인부터 질문하세요.

이대로 변호사 네. 원고는 중종반정 이후에 조정에 나아가셨죠?

조광조 그렇습니다. 중종 임금의 발탁에 의한 것이었지요.

이대로 변호사 중종이 왕위에 오른 것은 반정 이후의 일이었고, 반정 이후에는 반정 공신을 비롯해 새로운 세력들이 정국을 주도했을 텐데 굳이 원고를 뽑을 필요가 있었습니까?

조광조 음, 그러니까…….

이대로 변호사 대답을 못하시는군요.

조광조 첫째 날 재판에서도 말했듯이 공신들이 많은 문제를 일으켰기 때문에 중종 임금께서 나를 부르신 겁니다. 바로 그 점 때문에 나를 비롯한 사림 세력이 다시 관직에 나아갈 수 있었던 것이고요.

이대로 변호사 하하하. 원고는 지금 대단한 착각에 빠져 있는 것 같군요.

박구자 변호사 이의 있습니다. 지금 피고 측 변호인은 신성한 법정에서 원고를 조롱하고 있습니다.

판사 조롱까지는 아닌 것 같습니다만, 피고 측 변호인은 진지한 태도로 임해 주시기 바랍니다. 지금부터 논쟁의 중심인 중종이 왕위에 오르게 된 배경에 대해 알아볼 필요가 있는 것 같습니다. 양측 변호인, 동의하십니까?

박구자 변호사, **이대로 변호사**　물론입니다.

판사　그럼 피고 측 변호인부터 시작하세요.

이대로 변호사　당시 반정을 주도했던 인물 가운데 한 명을 증인으로 모시려 합니다. 박원종을 증인으로 신청합니다.

판사　받아들입니다. 증인은 앞으로 나와 선서하세요.

　건장한 모습의 박원종이 천천히 걸어 나와 선서를 했다.

이대로 변호사　안녕하세요. 간략하게 자기소개를 해 주십시오.

박원종　나는 무신으로 선전내승, 동부승지, 중추부지사 등의 관직을 지냈습니다. 또한 중종반정 때 주도적인 역할을 하여 정국 공신 1등에 올랐습니다.

이대로 변호사　당시 중종반정이 일어나게 된 배경은 무엇인가요?

박원종　성종의 뒤를 이어 왕위에 오른 연산군 대에는 그야말로 바른 정치가 행해지지 않았어요. 그 와중에 연산군은 무오사화와 갑자사화를 일으켜 사림 등 수십 명을 죽였습니다. 이 얼마나 도리에 어긋난 일입니까? 그것도 모자라 경연(經筵)을 없애고 사간원을 폐지하는 등 정치가 잘못되는 것이 극에 달하여 결국 중종반정에 의해 폐위되고 말았습니다.

이대로 변호사　증인의 말처럼 연산군은 그야말로 폭도 정치를 펼쳤던 것 같습니다. 정치가 제대로 운영되지 못하자 보다못한 증인을

경연
고려·조선 시대에 왕이 학문이나 기술을 강론·연마하고 더불어 신하들과 국정을 협의하던 일을 말합니다.

사간원
조선 시대에 삼사 가운데 임금에게 간하는 일을 맡아보던 관청으로 태종 원년(1401)에 설치하여 연산군 때 없앴다가 중종 때 다시 설치하였습니다.

비롯한 여러 사람들이 반정을 주도하였던 것이고요. 맞습니까, 증인?

박원종　　그렇습니다. 연산군 시절의 정치는 매우 혼란스러웠습니다. 특히 반정으로 축출되기 몇 해 전부터 연산군은 하루 종일 술과 오락으로 시간을 보내곤 했습니다. 이 변호사님, 흥청망청(興淸亡淸)이라는 말을 아십니까?

이대로 변호사　　물론이지요. 무절제한 생활을 가리키는 말 아닙니까?

박원종　　그렇습니다. 그런데 이 말이 바로 연산군 대에 유래되었다는 것을 아시는지 모르겠습니다. 연산군은 자신의 오락을 위해 전국에 관리를 보내 기생들을 뽑아 서울로 불러 올렸습니다. 이렇게 선발된 기생을 '흥청'이라고 부릅니다. 연산군은 이들 흥청을 다시 등급을 매긴 뒤 유생들이 공부하는 성균관이나 원각사 등에 거처하게 하고는 함께 유흥을 즐겼습니다. 그러니 나라의 정치가 제대로 되었겠습니까? 흥청망청이라는 말은 '흥청'에 짝을 이루어 '망청'을 붙인 것입니다.

이대로 변호사　　흥청망청이란 단어에 관해 새로운 사실을 알게 됐네요. 혹시 증인은 연산군에게 개인적인 원한도 있습니까?

박원종　　사실 연산군에게 개인적으로도 원한이 있습니다. 연산군은 구제가 불가능한 왕이죠. 내 누이까지 불러다가 술을 따르게 하였고, 그 치욕을 견디지 못한 누이는 결국 병이 나 죽고 말았습니다. 연산군은 더 이상 왕위에 있어서는 안 될 사람이었죠. 결국 나는 성희안, 유순정 등과 함께 반정을 모의하게 되었습니다. 마침내 우리들은 1506년(연산군 12) 9월 2일 연산군이 장단의 석벽으로 유람 가

는 날을 거사의 날로 잡았죠. 그런데 연산군이 이를 취소했습니다. 그러나 이미 참여자들에게 거사를 통보한 상태였기에 그대로 일을 진행시켰지요. 그 전날인 9월 1일 나와 유순정, 성희안 등이 광화문(돈화문이라는 기록도 있음)에 진을 치고 연산군을 따르는 측근들을 모두 제거한 뒤, 당시 대비 윤씨의 교지를 받아 연산군을 폐위시키고 진성 대군, 즉 중종을 왕으로 맞이하였습니다. 진성 대군이 사저에서 나오던 당시 백성들 가운

교지
승정원의 담당 승지를 통하여
전달되는 왕명서를 말합니다.

데는 만세를 부르면서 눈물을 흘리는 이들도 있었습니다.

이대로 변호사   중종이 왕이 되었을 당시 백성들의 마음이 어땠을지 짐작됩니다. 존경하는 판사님, 그리고 배심원 여러분, 연산군 시절의 정치는 신하들뿐만 아니라 나라의 백성들까지 힘들게 했습니다. 결국 백성들의 열망을 담아 증인과 성희안, 유순정 등은 연산군을 폐위시키게 된 것이죠. 그 사건을 계기로 증인을 비롯해 103명이 공신이 되었습니다. 그리고 증인과 성희안, 유순정 등 총 8명은 1등 공신에 책봉되었고요. 이것은 당연한 것이라 생각됩니다. 이상입니다.

판사   다음으로 원고 측 변호인, 신문하세요.

박구자 변호사   물론 어렵게 반정을 도모하였고 또 백성들의 기대에 따라 새로운 왕을 맞이한 공로는 충분히 인정합니다. 그런데 제가 이번 사건의 변론을 맡아 사실을 조사하다 보니 공신들이 가당치도 않은 일을 했다는 것을 알아냈습니다. 증인도 이 일을 알고 있을 것이라고 생각합니다.

박원종   무슨 일을 말하는 것인지 모르겠소.

박구자 변호사   당연히 그렇게 말씀하시겠죠. 제가 직접 말씀드리겠습니다. 반정이 성공하고 새롭게 왕이 즉위한 이튿날 증인과 유순정과 성희안, 그리고 유순, 김수동을 비롯한 여러 공신과 육조의 관원들이 왕비로 책봉되어야 할 중종의 부인을 폐위시킨 사건이 있었죠?

박원종   그렇습니다.

박구자 변호사   그건 있을 수 없는 일 아닙니까? 증인, 어떻게 생각

왜 조광조는 훈구 세력을 몰아내려 했을까?

하세요?

박원종   부부는 인륜의 근본이라는 말이 있으며 오륜(五倫)에도 포함되는 중요한 관계입니다. 따라서 원고 측 변호인이 말한 대로 그 사건은 있어서는 안 될 일이라는 것은 잘 알고 있습니다.

판사   그런데 왜 그런 일을 한 것입니까?

박원종   우리로서는 어쩔 수 없는 일이었습니다. 폐위된 중종의 부인 신씨는 신수근의 딸입니다. 신수근은 바로 연산군의 처남으로, 누이가 왕비인 덕분에 조정의 요직을 두루 거쳤던 인물입니다. 따라서 연산군이 제거되면 당연히 없어져야 할 인물입니다. 우리가 반정을 도모하면서 신수근에게 함께하기를 청했던 적도 있습니다만 그는 끝내 거절했습니다. 그리하여 결국 신수영과 임사홍이 제거될 때 함께 죽임을 당했습니다. 그런데 새롭게 왕이 된 중종의 부인이 신수근의 딸로, 그녀가 왕비에 책봉된다면 백성들에게 의심이 생길 것이고 종사에 혼란을 초래할 수 있는 일 아닙니까? 우리들은 그저 종사의 보전과 안녕을 위해서 그녀를 쫓아내자고 한 것일 뿐 개인적인 감정은 전혀 없었습니다.

박구자 변호사   개인적인 감정이 전혀 없었다고요? 믿을 수가 없군요. 중종의 부인 신씨는 현명한 여인이었습니다. 반정이 일어나던 날 군사들이 진성 대군의 집을 에워싸자 대군은 놀라서 자결하려 하였다고 합니다. 그러자 부인 신씨가 "군사의 말 머리가 이 궁을 향하고 있으면 우리 부부가 죽지 않고 무엇을 기다리겠습니까? 그런데 만약

오륜

유교에서 말하는 5가지 기본적 실천 덕목인 부자유친, 군신유의, 부부유별, 장유유서, 붕우유신을 말합니다.

말 꼬리가 궁을 향하고 섰다면 반드시 공자(진성 대군)를 호위하려는 뜻이니 알고 난 뒤에 죽어도 늦지 아니하오리다"라고 말하며 만류하였고, 그래서 결국 대군이 왕위에 오르게 되었다고 합니다. 또 중종과 부인의 애정이 상당히 두터웠다고 합니다. 그런데도 굳이 그 부인을 쫓아내려고 한 것은 신수근을 죽였으니 만약 그 딸이 왕비에 오른다면 보복이 두려워 그런 것 아닙니까? 중종이 결국 공신들의 협박 비슷한 건의를 받아들일 수밖에 없었던 것 아닙니까?

박원종　물론 그 점도 무시할 수 없습니다. 그런데 협박이라니요? 저희가 어찌 감히 왕을 협박하겠습니까? 말도 안 됩니다.

박구자 변호사　협박이 아니고 무엇입니까? 앞서 말씀드린 바와 같이 집을 둘러싸고 있는 군사를 보고 자결하려고 했던 분입니다. 그리고 증인을 비롯한 공신들에 의해 왕의 자리에 올랐기 때문에 증인들의 말은 충분히 협박으로 들렸을 것입니다. 그러니 결국 따르게 되었겠지만 중종의 마음은 편치 않았을 것입니다. 이는 부인 신씨를 궁에서 쫓아낸 뒤에 별궁에 두고 궁궐을 나갈 기회가 있을 때 말을 보내거나 하여 소식을 전해 들은 것을 보면 알 수 있습니다. 아무리 부인이 반정 때 처단된 신수근의 딸이었다고 해도 이런 행동은 하지 말았어야 했습니다. 이렇게 되다 보니 중종은 나이도 어린 데다 부인까지 쫓아내는 공신들에게 기가 눌려 제대로 된 정치를 펼칠 수 없었던 것 아닙니까?

이때 잠자코 듣고 있던 원고 조광조가 불쑥 끼어들었다.

　왜 조광조는 훈구 세력을 몰아내려 했을까?

조광조　　　맞습니다. 박구자 변호사의 말씀대로 이제 막 즉위한 왕에게 나이 많은 공신들이 해도 너무한 것입니다. 게다가 이 일은 부부의 도를 어긴 행위로 1515년 김정 등이 상소하여 인륜을 저버린 행위라고 비난한 것도 바로 이 때문입니다. 이뿐만이 아닙니다. 박원종 등은 1507년(중종 2) 견성군을 역모에 가담했다고 하여 유배를 보내기도 하였습니다. 견성군은 유배 생활을 하다가 결국 죽음을 맞이하였습니다. 이과라는 사람을 조사하는 과정에서 이름이 나왔다는 이유 때문이었습니다.

판사　　　견성군은 누구입니까?

박구자 변호사　　　중종과 같은 성종의 아들로 이돈이라고 하지요.

판사　　　그렇군요. 피고 측 변호인, 신문하세요.

이대로 변호사　　　견성군이 역모에 가담하지 않았다는 증거가 있습니까?

박원종　　　없습니다. 견성군은 역모에 가담하였습니다. 분명히 노영손이 **고변**한 내용에 견성군이 포함되어 있었고 역모를 도모한 이과와 한형윤 등이 견성군이 어질다고 했다는 말이 있습니다. 그리고 견성군을 세우려고 했다고 하였습니다.

이대로 변호사　　　견성군과 무관한 일일지도 모르는 일 아니겠습니까?

박원종　　　아니지요. 역적들의 입에 오르내리는 것 자체가 이미 역적과 같은 행위라 할 수 있습니다.

이대로 변호사　　　그렇군요. 이에 대해 원고는 어떻게 생각하십니까?

조광조　　　어쨌든 실제로 역적 행위가 드러나지 않았고 또 중종 임

고변
반역 행위를 고발하는 것을 뜻합니다.

금도 그의 처벌을 반대하였습니다. 종친들이 이과의 역모에 이름이 거론되었다고 하여 성 밖으로 쫓아내도록 요청하자 죄가 없는 사람을 내칠 수는 없다고 하지 않았습니까? 그런데도 결국 당신들의 요구를 이기지 못하고 임금께선 견성군을 유배 보낼 수밖에 없었습니다. 중종 임금의 입장에서 같은 아버지의 자식을 죄도 없는데 유배 보내게 된 것은 얼마나 가슴 아픈 일이었겠습니까?

이대로 변호사　　알겠습니다. 그렇다면 증인은 원고의 의견에 동의합니까?

박원종　　동의하지 않습니다. 이는 개인적인 감정으로 처리할 일이 아니었습니다. 이미 역적과 관련되어 있다면 왕의 친족이라도 처벌해야 마땅하다고 생각합니다. 종사의 보전을 위해서이죠.

박구자 변호사　　이런 일들 때문에 중종이 당신들에게 등을 돌리게 된 것 아닐까요? 죄 없는 부인을 쫓아내야만 했고, 또 같은 아버지의 자손을 유배 보냈다가 죽여야 했으니, 이런 비인간적인 당신들의 처사가 중종으로 하여금 등을 돌리게 했던 것이지요. 그러나 증인을 비롯해 유순정, 성희안 등 반정을 주도한 공신들이 버젓이 살아 있는 한 이들을 함부로 대할 수도 없었겠지요. 결국 1513년(중종 8)을 전후해서 이들이 사망하자 중종은 비로소 자신이 주도하는 정치를 꿈꾸게 되었습니다. 원고가 왕을 만나게 된 시기가 바로 이즈음이었던 것 같습니다.

판사　　중종이 원고를 발탁한 것이 공신을 포함한 훈구 세력에게 염증을 느꼈기 때문이라는 말인가요?

박구자 변호사　그렇습니다. 비단 염증뿐이었을까요? 당시 훈구 세력은 비리가 굉장히 많았습니다. 당시 반정을 주도한 공신들이 하나둘 사망하자 중종은 안당을 이조 판서로 삼아 재주에 따라서 벼슬을 주도록 하였고, 자급에 구애하지 않고 무릇 효행이 있는 사람을 관리로 추천하도록 하였습니다. 그뿐만이 아니었죠, 원고?

조광조　그렇습니다. 그뿐만이 아니라 사림들을 등용하기 시작하였지요. 나를 비롯해 김식, 박훈 등에게 특별히 6품을 제수하셨고, 김안국, 김정, 송흠 등을 파격적으로 등용하였습니다. 나는 1510년(중종 5) 11월 15일 사정전에서 실시한 강경 시험에서 『중용』을 강의하였는데, 다음 해 성균관에서 천거를 받아 등용되었습니다. 이때 이언호라는 헌납직에 있던 자가, 나이 서른도 안 되어 한창 학업에 신경 쓸 나이인데 관직에 등용한다면 국가에서 인재를 양성하는 도리가 아니라고 이를 반대하였지요. 증인 박원종과 함께 반정을 주도했던 성희안 역시 나에게 관직을 주는 것을 반대하였어요. 특히 성희안의 반대로 중종 임금께선 이를 강행하지 못하였어요. 그래서 몇 년 뒤인 1515(중종 10)년에 이르러서야 비로소 6품직에 제수되었어요. 이때는 성희안 등이 이미 사망한 뒤였기에 가능한 일이었어요. 관직에 진출한 나는 얼마 지나지 않은 1518년(중종 13)에 특전으로 당상관직인 부제학에 제수되었지요. 당상관이라면 국가 정책을 결정하는 높은 자리입니다. 당시 남곤이 문신의 인사를 주관하는 이조 판서였는데, 늘 그래 왔듯이 자기 편 사람들로 부제학을 채우려 하였으나 왕의 신임으로 결국 내가 부제학에 제수되었던 것이지요.

판사   잘 들었습니다. 이번 재판에선 중종이 조광조와 사림 세력을 주목하게 된 역사적 배경과 조정으로 진출한 조광조와 사림 세력이 어떻게 성장했는지 알아보았습니다. 다음 재판에서는 어떤 공방이 벌어질지 벌써 기다려집니다. 오늘은 시간이 다되었으니 이만하기로 하지요. 두 번째 재판에서 다시 만납시다.

　　땅, 땅, 땅!

왜 조광조는 훈구 세력을 몰아내려 했을까?

인왕산 치마바위

연산군이 폐위된 뒤 왕위에 오른 중종에게는 애틋한 사연이 있었습니다. 중종의 왕비 단경 왕후 신씨(1487~1557)는 신수근의 딸이었는데, 신수근은 연산군을 모셨던 신하였습니다. 연산군의 포악함이 날로 거세지자 조정 대신들은 연산군을 폐위하고 진성 대군(중종)을 새 왕으로 추대하기로 했지요. 하지만 진성 대군의 장인이었던 신수근은 이를 반대했고 결국 반대편에 의해 살해당했습니다. 이후 중종을 따르던 신하들은 단경 왕후를 죄인 신수근의 자식이라 하여 폐위시킬 것을 주장했지요. 자신을 따르는 신하들에 의해 추대된 중종은 이 말을 못 들은 척할 수 있는 입장이 아니었고, 결국 단경 왕후는 폐위되어 인왕산 자락 밑으로 쫓겨나고 말았습니다.

그 후 신씨는 날마다 궁궐을 바라보며 눈물을 지었지요. 하지만 마음 아파했던 건 신씨만이 아니었습니다. 중종 역시 경복궁 경회루에서 옛 아내가 머무르고 있다는 인왕산 자락을 바라보며 한숨 쉬는 날이 많았습니다.

어느 날 이 소식을 듣게 된 신씨는 인왕산 높은 바위에 올라 궁에서 입던 붉은 치마를 중종이 바라볼 수 있게 펼쳐 놓았습니다. 새벽에 일어나 바위 꼭대기에 치마를 펼치고 저녁에 거두기를 반복하며 중종에 대한 그리움을 달랬던 것이지요. 그래서 사람들은 오늘날 그 바위를 '치마바위'라고 부른답니다.

다알지 기자

저는 지금 조선 시대의 두 인물, 조광조 대 남곤의 재판이 열리는 역사공화국 한국사법정 앞에 나와 있습니다. 중종반종 이후 중종은 성리학적 원리에 따른 유교 정치를 구현하고자 사림 세력의 조광조를 등용하였으나, 훈구 세력의 방해로 조광조는 개혁을 성공시키지 못하고 죽임을 당하고 말았지요. 오늘은 본격적인 재판에 앞서 중종이 어떻게 조광조를 발탁하게 되었으며 사림 세력은 어떻게 정계에 진출하게 되었는지를 알아보았습니다. 지금 막 재판을 끝내고 나오는 양측 변호사를 만나 보겠습니다.

고려 말 혼란스러운 정치 상황을 평정하고 조선을 세운 인물은 다름 아닌 신진 사대부들이었습니다. 이들은 건국 당시부터 두 갈래로 나뉘었는데, 중앙 정계에서 활동하는 훈구 세력과 향촌에 묻혀 정치에 참여하지 않고 학문을 연구하던 사림파였습니다. 이들 사림파는 막대한 권력을 바탕으로 부를 축적하던 훈구 세력의 비리를 폭로하며 그들과 대립하였지요. 사림 세력의 스승인 길재 선생은 얼마든지 재산과 명예를 얻을 수 있는데도 불구하고 산골에서 학문을 닦고 제자를 키우며 사림 세력의 정신적 지주로 남으셨습니다. 이후 김숙자 선생, 김종직 선생, 김굉필 선생과 원고 조광조 등으로 이어졌지요.

이대로 변호사

　　피고는 사림을 대표하던 김종직 선생에게서 학문을 배웠습니다. 이렇게 보면 원고와 학문의 뿌리가 같다고 할 수 있지요. 그런데 원고 조광조는 의견이 다르다는 이유로 피고를 멀리하며 중종을 방패 삼아 남곤을 비롯한 공신들을 핍박했습니다. 조광조를 비롯한 젊은 신진 세력들은 개혁을 한다는 명목 아래 삼사를 장악하고 훈구 세력을 궁지로 몰아넣었습니다. 게다가 조광조가 실시한 개혁 정책은 훈구 세력을 공격하되 현실과는 거리가 먼 뜬구름 잡는 이상적인 이야기일 뿐이었습니다.

　　왜 조광조는 훈구 세력을 몰아내려 했을까?

조광조의 개혁 정책

1. 왜 조광조는 현량과를 주장했을까?
2. 왜 조광조는 향약을 보급했을까?

왜 조광조는
현량과를 주장했을까?

판사　재판 이틀째인 오늘은 원고를 중심으로 사림 세력이 추진했던 개혁 정치에 대해서 다루고자 합니다. 이 문제에 대해선 원고와 피고의 입장 차이가 분명할 것으로 생각됩니다. 먼저 개혁 정치 중에서 정치적인 측면에서 추진했던 것부터 살펴볼 필요성이 있다고 판단됩니다. 원고 측부터 말씀하세요.

박구자 변호사　판사님께서 말씀하신 바와 같이 원고와 함께 사림 세력은 다양한 측면에서 개혁 정치를 추진했습니다. 우선 정치적 측면에서 말씀드리면, 원고와 사림 세력이 개혁 정치에서 가장 중요하게 생각한 것은 왕의 태도와 의식이었습니다. 왜냐하면 왕의 태도에 따라 개혁이 성공하느냐 실패하느냐가 달려 있었기 때문입니다. 그래서 사림 세력은 일단 왕의 태도와 의식을 바로잡는 데 주력했고,

이를 위해 경연을 강조했습니다. 맞지요, 원고?

조광조　　그렇습니다. 경연이란 왕이 학문이 뛰어난 학자와 함께 학문을 토론하는 자리를 말합니다. 우리 조선에서는 경연을 하루에 세 번 하도록 규정했습니다. 아침에 하는 조강, 점심 때 하는 주강, 저녁 때 하는 석강이 바로 그것입니다. 이외에도 야대(夜對)라고 하여 밤에 왕이 신료들을 따로 불러 놓고 경연을 하는 경우도 있었습니다. 이렇게 경연에서 학문을 배우는 것입니다.

판사　　조선에서는 경연에 상당히 정성을 기울였던 것으로 아는데 그 이유는 무엇입니까?

조광조　　선배들도 이런 말씀을 하셨습니다. 요순시대에는 왕의 학문이 뛰어나 정치도 잘했다고요. 그러나 이 시기가 지나면서 점차 왕의 학문적인 능력이 떨어지기 시작했습니다. 그래서 재야의 학자들에게 학문을 배우게 되었지요. 더구나 조선에서는 현명한 사람을 선발하여 왕을 뽑는 것이 아니라 왕의 자리가 대대로 세습되었기 때문에, 어떤 분은 학문적으로나 정치적으로 뛰어나도 또 어떤 분은 자질이 떨어지는 경우도 있을 수 있었지요. 왕이 되기 전에도 열심히 공부해야 하지만 왕이 된 후에도 공부를 쉬어서는 안 됩니다. 그러므로 왕이 비록 피곤하겠지만 하루도 거르지 않고 경연에 참석해서 신하들과 경전을 읽고 토론해야 하는 것이지요. 경연은 단순히 책을 읽는 데 그치는 것이 아니라 경연에 참석했던 신하들과 논쟁을 벌이는 가운데 서로를 신뢰하게 되고 왕의 마음과 의지가 더욱 **고명**(高明)해질

고명
식견이 높고 사물에 밝은 것을 말하지요.

조강

주강

석강

야대

왜 조광조는 훈구 세력을 몰아내려 했을까?

것입니다. 이는 왕뿐 아니라 다음에 왕위에 오를 세자 역시 마찬가지였습니다. 세자도 서연(書筵)이라고 하는 공부하는 자리가 있었습니다. 그로 인해 학식과 덕을 쌓는다면 아랫사람들도 감동받을 것이며, 그러면 왕도정치가 이루어질 것입니다. 그런데 중종 임금께서는 국가를 다스리는 업무는 열심히 하시면서도 학문에는 별로 관심을 두지 않았습니다. 그리하여 나와 사림은 먼저 임금께 경연에 열심히 임하실 것을 요구했던 것입니다.

서연

조선 시대에 왕세자가 옛 성현들의 유교 사상과 교리를 써 놓은 책을 보며 학자들과 토론하던 자리를 말합니다.

판사　그렇게 학문에만 힘쓰다 보면 나라 운영에 여력이 없지 않나요?

조광조　물론 왕은 조정의 정사도 총괄해야 합니다. 그러나 내가 주장한 것은 학문에 온 힘을 기울이시는 것입니다. 학문이 뛰어나면 아랫사람이 반드시 복종할 것이기 때문입니다. 선배 학자이신 정도전은 그래서 왕의 가장 중요한 역할을 재상을 선택하는 데 있다고까지 말씀하셨지요. 현명한 재상을 뽑고 그에게 국정을 위임하되 왕은 도덕과 학문을 연마하면 나라가 잘 운영될 것이라고요. 우리 조선에서는 자질구레한 일들까지 모두 왕에게 보고한 뒤에 결정했으므로 왕은 그때마다 정신을 써야 하니 잠시도 틈이 없었을 것입니다. 이는 결국 큰 강령에 어긋나게 되는 것입니다.

박구자 변호사　원고는 국가의 최고 윗자리에 있는 왕이 도덕적으로나 학문적으로 완벽해야 아랫사람이 복종하고 그래야만 원고를 비롯한 사림 세력이 꿈꾸고 공부했던 요순시대의 왕도정치가 이루어진다고 생각했던 것이군요.

판사   오늘날과 비교해 보면 이해가 잘 안 되긴 합니다만, 왕이 도덕적으로 학문적으로 순수하고 현명해야 한다는 점은 이해가 됩니다. 그래야만 부정부패가 없을 수 있겠지요.

조광조   바로 그 점 때문입니다.

판사   이 밖에도 원고가 취한 개혁 정치는 무엇입니까?

박구자 변호사   원고를 비롯한 사림 세력은 또한 소격서를 혁파하고자 했습니다. 소격서는 도교 제사를 관장하던 관청을 말하는데요, 원래는 소격전으로 불리다가 1466년(세조 12)에 소격서로 개편되었습니다. 소격서에서는 1년에 한 번씩 초제라는 제사를 주관했는데 이는 도교 식으로 하늘에 제사를 지내는 것을 말합니다. 그런데 이 소격서야말로 원고 등이 주장하고 또 조선이 지향했던 유교 국가라는 모습과는 많이 달랐습니다. 그래서 원고 등이 소격서의 폐지를 주장했던 것입니다.

판사   이미 선왕들 때부터 있었고 또 나라를 위해 제사를 지내던 기관인데 굳이 혁파까지 주장할 필요가 있었을까요?

박구자 변호사   판사님, 그렇게 생각하시면 곤란할 것 같습니다. 잘 아시다시피 조선은 유교 국가를 표방했던 나라입니다. 그래서 나라가 건국된 후 불교 사찰을 정리하고 사찰 소속의 토지를 국가로 환수했습니다. 어디 그뿐인가요? 무당들도 도성 안에서 살지 못하도록 모두 도성 밖으로 추방하지 않았습니까? 이 모든 것이 유교 국가를 확립하기 위한 것이었습니다. 그런데 도교의 경우 소격서라는 별도

의 관청까지 세워서 제사를 주관하도록 한 것은 유교 이외의 이단을 배척했던 조선으로서는 형평성이 맞지 않는 것 아니겠습니까?

판사 물론 그럴 수는 있을 것 같습니다만 유교 이외의 다양한 종교도 허용해야 하는 것 아닌가요?

박구자 변호사 판사님은 지나치게 오늘날의 시각에서 말씀하시는 것 같습니다. 물론 오늘날에야 다양성이 존중되니 인종이든 종교든 그 차이를 인정하고 존중해야겠지요. 그러나 조선 시대는 그렇지 않았습니다. 조선이라는 나라는 유교를 국교로 표방하고 이를 바탕으로 나라의 모든 운영을 했으니까요.

이대로 변호사　판사님, 이의 있습니다. 원고 측 변호인은 원고를 비롯한 사람들의 주장이 정당했다는 점을 입증하기 위해서 억지 주장을 하고 있습니다. 소격서는 중종의 선왕이신 태종 때부터 존중되었고, 현재 우리가 조선 시대 최고의 성군으로 꼽는 세종 대왕도 이를 통해서 제사를 드리지 않았습니까? 그런데 이를 혁파하려고 하는 것은 선왕의 업적을 무시하려는 처사가 아니고 뭡니까? 판사님, 이와 관련해서 증언을 해 줄 증인을 신청합니다.

판사　증인요? 누구입니까?

이대로 변호사　중종 때 영의정을 지낸 정광필 대감을 증인으로 신청합니다.

판사　받아들입니다. 증인은 앞으로 나와서 증인 선서를 해 주십시오.

증인 정광필 대감이 증인석으로 걸어 나오자 방청석에서 웅성대기 시작했다.

"아무리 그래도 그렇지, 영의정까지 지낸 분을 증인으로 신청할 필요가 있나?"

"아니지. 역사를 바로잡기 위해서는 영의정이라도 증인으로 세워야지. 안 그런가?"

증인 정광필이 증인석으로 나와 증인 선서를 했다.

판사　피고 측 변호인은 증인 신문을 하시지요.

이대로 변호사　증인, 먼저 자기소개를 간단히 해 주시지요.

정광필　앞서 이대로 변호사도 말씀하셨다시피 나는 중종반정 이후 대제학과 병조 판서를 거쳐 우의정과 좌의정, 그리고 영의정까지 지냈습니다. 내 아버지는 이조 판서를 지낸 정난종이십니다.

이대로 변호사　증인, 앞서 원고 측 변호인의 변론을 들으셨죠? 소격서 혁파에 대한 원고 측의 주장을 말입니다.

정광필　네.

이대로 변호사　증인이 관직 생활을 하실 때 소격서가 그렇게 문제가 많았습니까?

정광필　사실 유교 국가를 표방한 조선에 도교 제사를 관장하는 소격서가 있다는 것은 옳지 않습니다. 나 역시 도교가 이단이라고 생각하며, 심지어 소격서의 관원으로 도교 제사를 관장하던 도류(道流)라는 자들이 허망한 도를 논하고 있으니 마땅히 폐지해야 한다고 생각했습니다.

다만 이대로 변호사도 말씀하셨듯이 이미 태종 때부터 있었고 또 여러 왕들이 도교식 제사를 숭상하셨기에 소격서는 소격전에서 관서의 등급이 격상되면서까지 존속했던 것입니다. 그런 만큼 조광조 등이 이의 혁파를 주장한 것은 옳지 않다고 봅니다. 이런 입장은 임금께서도 마찬가지라고 생각됩니다만…….

이대로 변호사　그럼 증인은 소격서를 혁파하는 데 원칙적으로 동의하시는 건가요?

왜 조광조는 훈구 세력을 몰아내려 했을까?

정광필 　　네.

이대로 변호사 　　다만 이미 선왕 때부터 있었던 관청을 혁파하면 혼란이 올 것을 우려했기 때문에 혁파를 반대했던 것이군요?

정광필 　　그렇습니다. 사림들은 나를 비롯한 공신이나 훈구 세력들이 조선이 유교 국가로 나아가는 것을 반대한다고 생각했는데 결코 그렇지 않습니다. 다만 선왕께서 하시던 것을 혁파하는 것이 맞지 않다는 입장이었고 동시에 개혁도 점진적으로 이루어져야 한다고 생각했던 것뿐입니다.

박구자 변호사 　　증인, 말씀 잘하셨습니다. 증인도 소격서가 존재하는 것이 맞지 않다고 생각한다고 말씀하셨는데 이는 제 의뢰인과 의견이 같다고 보입니다. 다만 선왕 때 시행된 것이라 없앨 수 없다고 하셨는데, 그렇다면 문제가 있는 것을 알면서 그대로 놓아두어야 한다는 건가요? 제 생각은 그렇지 않습니다. 없앨 것은 없애야 제대로 된 나라를 만들 수 있는 것 아닙니까? 판사님, 이 점과 관련해서는 제 의뢰인의 증언을 들어 보는 것이 어떻습니까?

판사 　　좋습니다.

박구자 변호사 　　원고, 이에 대해서 어떻게 생각하십니까?

조광조 　　한때 나를 죽음에서 구해 주려고 했던 정광필 대감을 오랜만에 만나니 정말 반갑군요. 소격서에 대한 대감의 입장은 잘 알겠으나 소격서는 반드시 혁파되어야 했다고 생각합니다. 소격서가 있음으로 해서 사악한 도교가 확산되어 백성들을 잘못 교화하게 된 것입니다. 상제(上帝)라는 것이 얼마나 허망하고 황당무계한 말입니

상제
종교적인 말로 하느님을 말합니다.

미담
사람을 감동시킬 만큼 아름다운 내용을 가진 이야기를 말합니다.

까? 한데 대감이나 임금께서 혁파하는 것을 반대하시니 그 이유를 알 수가 없었습니다. 그래서야 어디 교화가 제대로 되겠습니까?

이대로 변호사　　지금 원고의 발언에는 충분히 공감합니다. 그래서 증인으로 참석하신 정광필 대감도 결국 여기에 동조하지 않았습니까? 그렇지요, 증인?

정광필　　물론입니다. 내가 영의정으로 있던 당시 좌의정이었던 신용개 대감, 우의정 안당 대감도 모두 혁파를 주장하였지요. 그러나 이것은 원고 등의 의견에 따른 것이기보다는 소격서 혁파를 주장하던 원고 측의 대간들이 임금께서 윤허하지 않으시니 결국 직무에 나오지 않았기 때문이지요. 어찌 조정에 대간이 없을 수 있겠습니까? 그래서 우리들도 임금께 그 혁파를 주장했던 것이지요. 이렇게 주장한 게 하루 이틀이 아니었습니다. 심지어 나와 함께 신용개 대감도 임금께 "만약 이 일을 따르시면 후세에 폐단이 없고 만고에 **미담**이 될 것입니다"라고 주청드렸지요. 그래서 결국 임금께서 우리들의 주장을 받아들여 소격서를 혁파하지 않았습니까?

박구자 변호사　　그런데 왜 제 의뢰인을 비롯해 사림 세력이 대거 화를 당한 뒤에 또다시 복구하였습니까? 그리고 소격서 혁파 문제는 제 의뢰인을 비롯해 사림 세력의 주장을 통해서 이루어진 것 아닙니까?

정광필　　그 점은 인정합니다. 그리고 다시 설치한 것은 당시 왕대비께서 편찮으시자 임금께서 하늘에 회복을 바라는 기도를 올리기 위해 설치한 것이지요. 이때도 우리는 반대했어요.

판사　　　그러니까 소격서는 혁파되었다가 다시 복구된 것
이군요. 그리고 원고 등은 유교 국가 확립이라는 목표를
위해 혁파를 주장했던 것이고요. 잘 알겠습니다. 소격서에
대한 이야기는 여기서 줄이고, 다음으로 **현량과** 문제를 이
야기해야겠습니다. 증인은 이제 자리로 돌아가시지요. 이
문제에 대해서는 원고 측에서 먼저 진술해 주세요.

박구자 변호사　　　조선은 인재 선발을 위해 여러 가지 방법을 채택하
고 있었습니다만 가장 대표적인 것은 과거 제도였습니다. 잘 아시는
바와 같이 ▶과거 제도는 고려 광종 때 중국 사람으로 고려에 **귀화**했
던 쌍기라는 사람의 주도하에 만들어진 인재 선발 제도였습니다. 고
려는 말할 것도 없고 조선도 신분제 사회였기 때문에 신분을 초월한
공정한 인재 선발이란 쉬운 일이 아니었습니다. 그렇지만 가급적 공
정하게 선발하기 위한 제도가 과거였지요.

판사　　　조선에서도 건국 초부터 과거제를 적극 활용한 것
으로 알고 있습니다. 문신 선발은 문과를, 무신 선발은 무
과를 통해서 했고, 기술관인 중인들은 잡과라는 별도의 과
거 시험을 통해서 선발했지요.

박구자 변호사　　　그렇습니다. 그런데 과거라는 것이 글 짓
는 재주나 경서를 암송하는 정도를 평가하는 데 그쳤다는
것이 문제입니다.

판사　　　왜 그게 문제가 되지요? 어차피 과거라는 것이 당

장 국가 운영을 할 때 필요한 인재를 선발하려고 했던 것이고, 그러려면 객관적으로 평가할 수 있는 기준이 필요하지 않습니까? 그렇기에 글 짓는 재주나 경서를 암송하는 능력을 평가 기준으로 삼았던 것이지요.

박구자 변호사   판사님 말씀도 일리는 있습니다만, 유교 사회에서 가장 기본적인 덕목 가운데 하나가 '수신제가치국평천하' 아닙니까? 즉 먼저 자신을 수양한 뒤에 집을 다스리고, 나아가 국가를 다스리며, 마지막으로 이를 바탕으로 천하를 평정하자는 것입니다. 여기서 중요한 것은 자신의 수양이 전제되고 있다는 점입니다. 그런데 과거는 단순하게 실무적인 기술이나 문장의 암기 등에 치우침으로써 과거에서 뽑힌 인재들이 도덕적으로 문제가 없는 인재인지는 검증할 수 없다는 한계가 있습니다. ▶또 과거로 인재를 뽑을 때 집안도 함께 고려되었다는 점도 역시 한계라 하겠습니다. 원고는 바로 이런 점을 해결하고자 현량과 실시를 주장했고 그것이 실제 정책에 반영되었던 것입니다. 원고, 이에 대해 말씀해 주시겠습니까?

조광조   나와 내 동료들은 기술적인 능력도 중요하지만 일단 도덕적으로 수양이 되어야 관리가 될 수 있다고 생각했던 사람들입니다. 이에 본인은 1518년(중종 13) 3월 11일 임금과 경연하는 자리에 참석하여 과거의 문제점을 지적한 바 있습니다. 특히 임금을 측근에서 모시는 이른바 시종신(侍從臣)이라는 사람들은 임금을 도와 의리를 강론해야 하므로

학문적으로 매우 풍부한 지식을 갖고 있는 것 외에도 덕을 쌓은 사람을 선발해야 한다고 했습니다. 문장이 볼만하거나 문벌이 높은 자로만 선발할 수 없으며, 또 너무 미천한 초야의 인사도 선발할 수 없었습니다. 그리하여 나는 덕을 기준으로 사람을 추천하게 해서 그 가운데에서 유능한 인재를 선발하려고 했습니다. 이 같은 나의 주장에 대해 신용개라는 분은 그 주장의 타당성을 인정하면서도 글 짓는 재주를 보는 것은 조선과 중국의 외교 관계를 유지하기 위해서 어쩔 수

사장
시가와 문장을 아울러 이르는 말
입니다.

없다고 했습니다만, 나 역시도 사장(詞章)을 무시하자는 것
은 아니었습니다. 다만 사장이 있으면서 덕행 또한 있으면
실로 좋은 인재이기에 이것을 모두 갖춘 사람을 선발하자
고 했던 것입니다. 더구나 지방에서 학문적으로 뛰어나지만 등용되
지 않은 인재를 불러들이기 위한 장치가 필요하기도 했습니다.

그래서 나는 그 대책의 하나로 지방에선 각 도의 감사나 수령에
게, 그리고 서울에선 홍문관이나 육조 판서 또는 대간들에게 인재를
천거하게 하고 이들을 큰 마당에 모아 임금께서 몸소 그들을 시험한
다면 많은 인재를 얻을 수 있다고 생각했습니다. 이렇게 치른 과거
시험을 '대책(對策)'이라고 하였지요. 사실 이런 제도는 중국 한나라
의 현량과나 방정과와 같은 제도의 뜻을 이은 것입니다. 여러 사람
들이 천거하다 보면 반드시 뛰어난 덕과 재주를 가진 사람을 선발할
수 있을 테니까요. 물론 신용개 같은 대감은 끝내 이를 시행할 수 없
다고 반대하기는 했습니다만.

이대로 변호사　잘 들었습니다. 그러나 지금 원고가 말한 내용에도
한계가 있을 수밖에 없습니다.

박구자 변호사　무슨 한계가 있다는 말입니까?

이대로 변호사　만약 그 일을 시행한다면 처음 천거할 때 재주와 행
적이 특출한 자가 혹 빠지게 되는 폐단이 있을 것이며, 대책으로 뽑
을 때는 특출한 자가 합격하지 못하거나 특출하지 못한 자가 높은
반열에 있게 될 수도 있습니다. 그렇다고 한다면 오히려 기존의 과
거법을 채용하는 것이 좋아 보입니다. 사실 조광조 등이 현량과를

주장한 것은 과거에 문제가 있어서라기보다는 자신을 따르는 사람들을 선발하려는 데 그 목적이 있었던 것은 아닐까 생각됩니다.

박구자 변호사　말씀이 좀 심하군요. 어찌 원고 등이 사심을 가지고 현량과를 시행하자고 했겠습니까?

이대로 변호사　실제로 원고가 주장한 내용이 받아들여져 결국 현량과가 시행되었는데, 그때 선발된 사람을 보면 충분히 증명이 되지요. 원고, 현량과로 선발된 사람이 누구누구이지요?

조광조　김식, 이연경, 박훈, 안처겸 등을 비롯해서 모두 스물여섯 명이었습니다.

이대로 변호사　그럼 김식 등이 원고와 무관하게 선발되었다고 말할 수 있습니까?

조광조　물론 저와 같이 공부한 사람들도 있습니다만, 이들은 당대에 덕이 있는 사람으로 추앙을 받던 인물들이었습니다. 전혀 사심은 없었습니다.

판사　자, 잠깐 조용히 하시지요. 현량과 문제를 둘러싸고 양측의 입장이 팽팽하게 나뉘는 것 같습니다. 그러나 분명한 것은 당시 과거 제도에 문제가 있었고 기존 관료들인 훈구 세력 역시 정치적, 사회적으로 문제가 많았던 시기였으므로 그에 대한 대안이 필요했다는 것입니다. 그런 점에서 원고 측의 주장은 일리가 있다고 봅니다. 현량과와 관련된 논란은 여기서 접고 다음은 사회 개혁에 대해서 살펴보도록 하겠습니다.

2

왜 조광조는
향약을 보급했을까?

판사　원고가 중심이 되어 정치적으로 경연을 강조하고 현량과를
시행하는 등의 개혁 정책을 추진했습니다. 그렇다면 사회적으로 추
진한 주요 정책은 무엇입니까?

박구자 변호사　이와 관련해서는 전날에도 진술이 있었습니다만,
▶원고를 비롯해 사림은 『소학』을 중시하고 이를 사회적으로 실천하
려고 노력했습니다. 원고 역시 스승으로부터 『소학』의 중요성을 듣
고 이를 실천하려고 했던 인물 가운데 한 명입니다. 그래서인지 『중
종실록』을 편찬한 사관은 원고를 비롯해 같은 사림 세력인 김식이나
박훈 등에 대해 항상 『소학』 읽기를 권고했다고 했습니다. 원고는 이
밖에도 사회적으로 향약의 시행에 주력했습니다.

판사　향약이라고 하면, 좋은 일은 서로 권하여 장려해야 한다는

덕업상권(德業相勸), 잘못을 저지르지 않도록 서로 규제해야 한다는 과실상규(過失相規), 서로 사귈 때는 예의를 지켜야 한다는 예속상교(禮俗相交), 어려운 일이 생겼을 때 서로 도와야 한다는 환난상휼(患難相恤)의 네 가지 덕목을 바탕으로 한 것을 말하나요?

박구자 변호사   그렇습니다. 향약이란 원래 중국 송나라 때 여씨 형제들이 만든 『여씨향약』에서 출발한 것으로, 성리학을 완성한 주희에 의해서 새롭게 보완되면서 성리학적 사회를 이루기 위한 방법의 하나로 적용되던 것입니다. 우리나라에서는 고려 말 성리학이 들어올 때 함께 들어왔으나 잘 시행되지는 않았습니다. 물론 조선의 제1대 왕인 태조가 함흥에서 향헌이라는 이름하에 향약을 시행했고, 성종 때 정극인이 주도하여 전라도 태인에서 향약을 시행하기는 했습니다만 제대로 시행되었다고는 할 수 없지요. 아마도 사회적 분위기가 이를 수용할 정도가 되지 않았기 때문일 것입니다. 그런데 원고 등이 활동하면서 본격적으로 향약 보급을 추진한 것입니다. 이를 통해 원고 등은 조선이라는 나라를 성리학의 이상이 실현되는 나라로 만들고자 했습니다. 향약은 성리학과 분리될 수 없는 것으로, 이것이 제대로 시행된다면 굳이 강제적인 법률을 적용해서 사람들을 다스릴 필요가 없었을 것입니다. 판사님, 원고를 비롯한 사림파가 강하게 추진했던 향약에 대해 좀 더 자세하게 이해하기 위해 이를 주도적으로 추진했던 김안국 선생을 증인으로 신청합니다.

판사   받아들입니다. 증인은 앞으로 나와서 증인 선서를

교과서에는

▶ 사림은 향약을 실시하고 도덕과 예학의 기본 서적인 『소학』을 보급하여 향촌 사회에서 지배력을 강화해 나갔습니다.

해 주십시오.

　　증인 김안국이 증인석으로 나와 증인 선서를 했다.

판사　　증인은 먼저 자기소개를 해 주시지요.

김안국　　나는 의성 김씨로 부친은 참봉을 지낸 김련이라는 분입니다. 원고인 조광조와는 동문으로 김굉필 선생에게서 학문을 배웠습니다. 나는 조광조와는 달리 1503년(연산군 9) 문과에 급제한 뒤 다음 해에 부수찬으로 재직하면서 잠시 파직된 적이 있기는 했으나 중종 반정 이후에는 계속 관직에 있었습니다. 아마도 정치적으로 비중이 없어서 큰 화를 당하지 않았던 것 같습니다.

판사　　그렇군요. 그럼 양측 변호인의 질문을 들어 볼까요?

박구자 변호사　　판사님, 제가 먼저 하겠습니다. 증인은 원고 등이 활동하던 당시 향약의 시행을 건의한 적이 있었지요?

김안국　　그렇습니다. 특히 1518년(중종 13) 동지중추부사로 재직하고 있을 때 앞서 재직했던 경상도 관찰사의 경험을 바탕으로 향약 시행을 건의한 적이 있습니다.

박구자 변호사　　좀 더 자세하게 말씀해 주시지요. 왜 향약 시행을 건의하게 된 것입니까?

김안국　　1517년 내가 관찰사에 임명되어 경상도에 내려가 보니 사람들의 인심과 풍속이 말이 아니었습니다. 더구나 내가 관찰사로 재직하던 때에 밀양부 풍각현에서 박군효라는 인물이 대낮에 동네 한가운데서 아버지의 머리를 마구 때려 살해하면서 흉악한 말을 했습니다. 그런데도 이를 다스려야 할 지방관이나 유향소의 관원들이 그를 붙잡아다가 신문하고는 그냥 풀어 주었습니다. 예로부터 아버지와 자식의 관계는 천륜이라고 하는데, 이는 천륜을 어긴 일로 심각하게 다스렸어야 했습니다. 그런데도 그냥 풀어 줬다는 것입니다. 어찌 이런 일이 있을 수 있겠습니까? 물론 내가 관찰사로 있을 당시 이렇게 말도 안 되는 일만 있었던 것은 아닙니다. 거제도에서 소금을 생산하는 일을 하던 이돌대라는 사람은 일곱 살에 아버지를 잃은 뒤 지극한 효성으로 어머니를 봉양하여 매달 세 번씩 풍성한 음식을 장만하여 잔치를 베풀었다고 합니다. 이돌대는 이뿐만이 아니라 어머니가 죽자 3년 동안 살아생전처럼 묘 옆에서 어머니를 봉양했다고 합니다. 일반 백성으로 참으로 하기 힘든 일을 한 것입니다. 이돌대처럼 이렇게 인륜을 지키며 효를 다하는 사람들도 있었습니다만 전반적으로 풍속이 좋지 못했습니다. 그래서 이대로는 안 되겠다 싶어 향약을 시행하려고 했던 것입니다.

박구자 변호사　증인은 관찰사로 재직하면서 향약을 시행하기 위해서 어떤 일들을 했습니까?

김안국　나는 풍속을 순화하기 위해 먼저 향촌 사회 운영을 주도하는 유생들에게 먼저 『소학』을 읽도록 했습니다. 『소학』에 대해서는 이미 언급된 바 있기에 자세한 말씀은 생략하겠습니다. 그리고 백성들에게 향약의 정신을 알게 하고 이를 시행하기 위해 필요한 것

순화
정성 어린 가르침으로 좋은 방향으로 변화시키는 것입니다.

왜 조광조는 훈구 세력을 몰아내려 했을까?

이 무엇인가를 생각해 보았지요. 그래서 일단 도내에서 효성스러운 사람이나 열녀 등을 찾아 이들을 조정에 보고해 정려(旌閭)를 내리도록 요청했습니다. 이를 보고 백성들이 열심히 효성을 다하면 정려를 받을 수 있다는 생각을 하도록 한 것이지요.

박구자 변호사   그랬군요.

김안국   다음으로는, 아무래도 백성들은 한문으로 글을 읽는 것이 쉽지 않았기에 향약의 정신을 이해하기가 어렵다고 판단하고 옛사람의 책 중에서 풍속을 바로잡을 수 있는 것을 택하여 이를 한글로 풀어 책자를 만들어서 그것으로 가르치고자 했지요. 그래서 향약의 원류라고 할 수 있는 『여씨향약』을 한글로 풀어 책을 만들어서 도내에 반포했어요. 이 밖에도 사람들이 군신, 부자, 부부와 같은 삼강의 윤리는 잘 알지만 친구나 형제 사이의 윤리는 잘 모르기에 이에 대한 책인 『이륜행실』 역시 한글로 풀어 간행하자고 건의했습니다. 이런 일들은 단지 경상도에만 한정되어서는 안 되겠기에 이를 조정 차원에서 출판하여 전국에 반포하자고 건의했던 것이지요. 이를 통해서 향약이 전국적으로 시행되면 백성들의 풍속이 순화될 거라고 생각했습니다. 그래서 나를 포함한 사림 세력이 향약의 시행을 주장한 것입니다. 만약 향약이 제대로만 시행된다면 형법을 적용할 필요가 없을 것이라고 생각했습니다. 그런데 훈구 세력이 이를 반대해서 결국 전국적인 시행은 이루어지지 못했습니다.

이대로 변호사   증인, 무슨 말씀을 하시는 것입니까? 훈구 세력이 반대했다니요? 훈구 세력이 향약의 시행을 반대하지 않았다고 알고 있는데요? 오늘 증인으로 참석하신 정광필 대감이, 향약이 좋기는 하지만 모인 무리가 착한 일을 하지 않으면 수령의 권세가 도리어 약해질 것이니 살펴서 경계해야 할 것이라고 말했지 향약 그 자체를 반대했던 것은 아닙니다.

박구자 변호사   그게 그거지요. 결국은 반대했던 것 아닙니까?

이대로 변호사   아닙니다. 다만 운영 과정에서 문제가 발생할 수 있음을 우려했고, 또한 예전 왕들이 만든 제도를 바꾸어 시행할 수는 없지 않았겠습니까? 조선이라는 나라가 누구에 의해서 만들어져 이어졌겠습니까? 모두 선대 왕들이 이룩해 놓은 업적 때문 아니겠습니까? 이 점은 당시 고위직 재상들이 대부분 같은 입장이었습니다. 신상이라는 분은 법을 고쳐서 열 배의 이득이 없다면 고칠 수 없다고 했습니다. 그만큼 법을 고치거나 새로운 제도를 시행하는 데에는 신중해야 하고 오랜 논의가 있어야 하는 것입니다. 그런데 원고를 비롯한 사림들은 이를 너무 급진적으로 시행하려고 했고 그래서 훈구 세력이 반대했던 것입니다. 심지어 김식은 서울에서도 향약을 시행하자고 주장했는데 이는 안 될 일입니다. 지방의 한 평범한 사람이었던 여씨가 만든 향약을 지방에서는 시행할망정 이를 서울까지 확대하자고 한 것은 옳지 않습니다. 서울은 국왕이 계시고 삼공(三公)이 예법으로써 인도하며 법을 집행하는 형조와 같은 관청이 있으므로 시행할 수 없었던 것입니다. 실제로 지방에서 일부 무리들이 선악을 서로 권하고 경계한다고 하면서도 어떤 사람이 자기 형을 구타한 일도 있었습니다. 이런 사실로 보아 향약은 그 자체로는 좋지만 시행하는 데에는 신중해야 했던 것입니다.

박구자 변호사　　판사님! 지금 피고 측에서 말하는 내용은 결국 개혁을 하지 않고 예전 체제를 그대로 유지하려 한 매우 잘못된 생각이라고 판단됩니다. 피고보다 앞선 시기에 활동했던 훈구 세력으로 인해 사회가 얼마나 어수선해졌고 또 백성들이 얼마나 고통스러웠습니까? 예를 들자면 공물 문제를 들 수 있습니다. 원래 우리 조선은 가가호호마다 직접 공물을 바치도록 되어 있었습니다. ▶이렇게 백성들이 바치는 공물은 원래 지역 특산물로 배정되었는데, 이것이 시간이 경과하면서 자연 변화 등으로 인해 전혀 생산되지 않는 물건도 나타났습니다. 그래서 생겨난 것이 방납입니다. 방납이란 말하자면 백성들을 대신해서 방납을 맡은 업자들이 다른 곳에서 공물을 구입하거나 준비해서 바치고 백성들이 그 대가를 지급하는 것을 말합니다. 그런데 여기에 훈구 세력이 자신들의 노비들을 방납업자로 만들어 개입하고, 방납의 대가로 백성들에게 많은 부담을 요구했던 것입니다. 그러니 백성들이 살 수 있었겠습니까? 이것 역시 훈구 세력이 남긴 잔재인데, 이처럼 공물 제도의 개혁이나 향약 제도의 시행 등을 반대하는 훈구 세력의 입장이 과연 무엇이었는지 알 수 없습니다.

　　따라서 훈구 세력이 이렇게 주장한 것은 결국 반대를 위한 것이라고 하겠습니다. 그리고 사실 중종도 이 제도 시행에 적극적이지 않았습니다. 그래서 일부 지역에 한정되

교과서에는

▶ 중앙 관청의 서리들이 공물을 대신 내고 그 대가를 많이 챙기는 방납이라는 폐단이 나타났습니다. 방납이 증가할수록 농민의 부담이 증가했으며, 공물의 부담을 감당하지 못한 농민이 도망하면 그 지역의 이웃이나 친척이 이를 대신 내야 했지요. 이 때문에 떠돌아다니는 농민이 급증했습니다.

어 시행되기도 했던 향약은 결국 기묘사화 이후 다시 폐지 논의가 제기된 것입니다. 그러나 역사의 흐름은 각 지방에 맞는 향약의 시행으로 이어졌습니다. 비록 조광조 등이 기묘사화로 화를 당했으나, 결국 사림들이 정치와 사회를 주도하는 16세기 후반 이후가 되면서 각 지방에 향약이 정착되었습니다. 이렇게 본다면 조광조 등 사림 세력이 역사에 끼친 공로는 무시할 수 없다고 하겠습니다.

판사   원고 측 변호인 말대로 원고 등이 역사에 끼친 공로는 충분히 인정됩니다만, 이 문제는 향약 문제에 국한시켜서 볼 것은 아니라고 생각됩니다. 좀 더 종합적으로 검토한 뒤에 판단하도록 하겠습니다. 지금까지 원고를 중심으로 진행되었던 사림 세력의 정치적, 사회적 개혁 문제를 살펴보았습니다. 오늘은 이만 마치고 다음에 세 번째 재판을 열겠습니다.

땅, 땅, 땅!

지방 자치의 무대, 유향소

유향소란 지방의 사족(士族)들이 스스로 만든 비공식적인 자치 기구로 대개 고려 말, 조선 초에 등장했다고 알려져 있지요. 유향소라는 조직을 통해 지방의 사족들은 향촌에서 문제가 발생하면 이를 조정하거나 지방 수령들을 돕는 역할을 했습니다.

그런데 조선 초에는 유향소와 중앙에서 파견된 지방 수령들 사이에 자주 마찰이 발생했고, 그리하여 결국 태종 대에 조정에 의해서 폐지되었습니다. 이는 지방 세력을 약화시키려는 태종의 의도와도 관련된 것입니다. 이후에도 조정의 지방 정책과 관련해 몇 차례 다시 설치되고 폐지되었다가, 성종 대에 향촌 자치를 주장하는 사림 세력의 정치적 진출과 함께 최종적으로 설치되어 이후 계속 이어졌습니다.

유향소는 이후 지방 사림들이 향촌을 운영할 때 중심적인 기관이 되었는데, 사림들은 유향소 업무를 담당할 사람을 선발하여 임명하였고, 이곳을 통해서 향촌 내에서 발생하는 문제를 조정하기도 하였습니다.

다알지 기자

안녕하세요. 법정 뉴스의 다알지 기자입니다. 오늘도 저는 시청자 여러분의 궁금증을 해결해 드리기 위해 법정에 나와 있습니다. 오늘 재판에서는 주로 원고를 비롯한 사림 세력이 추진했던 개혁 정책에 대해 이야기를 나눴는데요. 아, 마침 재판이 끝났습니다. 먼저 원고 측 증인으로 출석했던 김안국 선생을 모시겠습니다. 김안국 선생님, 오늘 재판 과정을 보면 훈구 세력과 사림 세력이 개혁을 바라보는 입장에서 많은 차이를 보였는데, 어떻게 보셨습니까? 또한 피고 측 증인으로 참석했던 정광필 대감을 모시고 과연 사림들이 추진했던 개혁 정책에 대해 어떻게 생각하는지 한 말씀 듣도록 하겠습니다.

왜 조광조는 훈구 세력을 몰아내려 했을까?

김안국

　말씀하신 대로 개혁 정책을 바라보는 양자
의 입장 차이가 크다는 것을 오늘 다시 한 번 확
인하게 되었습니다. 그런데 나를 비롯해 원고나 사
림들이 추진했던 개혁 정책을 사림 세력의 집단 이익을 위한 것이었
다고 한 피고 측의 진술은 옳지 않습니다. 특히 문제가 된 현량과를 놓
고 보더라도 이것이 어떻게 사림 세력만을 등용하기 위한 제도였겠습
니까? 결코 그렇지 않습니다. 이미 그 기능을 잘 발휘하지 못하고 있
던 과거 제도를 대신해 시행하고, 이를 통해 젊고 유능한 인재를 뽑기
위한 것이었지요. 이 제도가 제대로 시행되었더라면 정말 젊고 유능한
인재들이 많이 뽑혔을 것이고 나라가 더욱 발전하지 않았을까요?

정광필

　　나는 사림 세력이 추진했던 개혁 방안이나 그들의 주장에 대해서는 상당히 좋다고 생각했습니다. 다만 이들이 개혁을 추진하는 방식이 너무 급진적이었습니다. 사실 조선이라는 나라는 앞서 선왕들이 제정하고 추진했던 여러 가지 요소로 인해 결국 안정될 수 있었습니다. 그런데 이전 왕들이 추진했던 정책은 잘못되었으니 무조건 폐지하자고 하는 것은 옳지 않다고 봅니다. 오히려 이를 잘 계승하는 것이 나라를 운영하는 데 아주 중요한 요소라고 생각합니다.

왜 조광조는 훈구 세력을 몰아내려 했을까?

사림의 흔적을 찾아서

　지방에 살며 유학 공부와 교육에 힘썼던 조선 시대 선비들을 '사림'이라고
불러요. 조광조, 김종직, 서경덕 등을 대표적인 인물로 꼽을 수 있지요. 여기
서는 학문을 닦고 교육에 힘썼던 이들 선비들이 어떤 물건을 사용했는지 보
기로 해요.

경서통

조선의 사림들은 유학 경전을 공부하며 중요하게 여겼어요.
그래서 유학 경전의 문구를 대나무 가지에 써서 보고는 했지
요. 경서통은 경전이 적힌 대나무 가지와 그것을 담아 두던
통이에요. 주로 경전을 외우고 이를 시험하기 위한 용도로
사용하였다고 해요.

필통

붓을 꽂을 수 있게 만든 통이에요. 사진 속 유물은 4개의 굵은 대나무로 만들어졌으며, 각 대나무마다 새와 꽃 그림, 뱃놀이 그림, 소나무 그림 등이 그려져 있어요. 달궈진 인두로 지져서 그려 넣은 것이 특징이에요.

연적

연적은 먹을 갈 때 벼루에 적당한 양의 물을 붓기 위해 만들어진 물그릇이에요. 사진 속의 유물은 백자로 만들어졌으며 윗면에는 산수화가 그려져 있고 옆면에는 간단한 그림이 그려져 있답니다. 연적은 다른 말로 '수적' 또는 '수주'라고도 불렸지요.

벼루

문방사우라고 하면 문방의 네 벗으로 종이, 붓, 먹, 벼루를 가리
켜요. 사진 속 유물은 조선 중기의 문신인 정탁이 사용하던 벼루
로 명나라 황제에게 하사받은 것이랍니다. 정사각형의 검은 돌
을 깎아 만든 것으로 조각이 매우 섬세한 것이 특징이에요. 벼루
는 먹을 가는 데 사용한답니다.

출처: 유교문화박물관(www.confuseum.org)

사림 세력과
훈구 세력의 다툼

1. 기묘사화의 발생 배경은 무엇일까?
2. 기묘사화 이후 조선 사회는 어떻게 변화했을까?

1

기묘사화의
발생 배경은 무엇일까?

판사   오늘은 원고 조광조와 피고 남곤의 마지막 재판 날입니다. 재판 첫째 날에 '기묘사화'를 잠깐 다루었는데요, 오늘은 기묘사화가 왜 발생했으며 기묘사화로 인한 결과가 조선 사회에 어떤 영향을 끼쳤는지 살펴보도록 하겠습니다. 원고 측부터 시작하세요.

박구자 변호사   기묘사화는 사림 세력의 개혁 정책이 훈구 세력과 갈등을 빚어 발생한 사건으로, 1519년(중종 14) 피고와 심정, 홍경주 등의 훈구 세력이 원고를 비롯한 김정, 기준 등이 ▶붕당(朋黨)을 결성하고 왕을 속였다고 모함해서 일어난 사화입니다.

사화란 '사림의 화'의 준말이지요. 이것은 그동안 조선 역사에서 얼마나 많은 사림들이 정치적 반대 세력에 몰려 죽임을 당했는지 말해 줍니다. 다양한 사화가 등장하다 보니 배심원들께서 헷갈릴 수도 있을 것 같은데요, 잠시 무오사화와 기묘사화를 재정리해도 되겠습니까?

판사　　좋습니다.

박구자 변호사　　성종이 죽고 연산군이 즉위하자 훈구 세력은 무오사화 등을 일으켜 사림을 공격합니다. 이로 인해 사림은 큰 피해를 입었지만 오뚝이처럼 다시 일어납니다. 그래서 중종반정 후 사림은 다시 조정으로 진출하게 되지요. 그러나 이번에도 역시 훈구 세력은 가만히 있지 않았습니다. 원고를 중심으로 유교적 이상 정치를 펴고자 했지만 훈구 세력의 반발로 또다시 사화가 일어났죠.

판사　　그것이 바로 기묘사화인가요?

박구자 변호사　　그렇습니다. 원고는 기묘사화 이후 능주로 유배되었고 그곳에서 사약을 받고 죽었습니다. 다른 많은 사람들 역시 유배되었다가 사약을 받거나 혹은 자결하였고, 또 많은 사람들이 관직에서 쫓겨났지요. 원고는 중종의 부름을 받고 조정에 나아가 어지러워진 사회를 개혁하려고 했는데 오히려 정치적 제물이 되고 말았죠.

판사　　당시 사림 세력이 몇 명이나 화를 당했나요?

박구자 변호사　　제가 조사한 바에 의하면 총 255명이었어요. 중종은 원고를 비롯해 사림 세력들을 조정으로 불러들여 훈구 세력의 문제점을 해결하려 했다가 결국 그들을 죽음으로 몰아넣고 말았지요. 그러나 이들이 추진한 개혁은

붕당
조선 중기에 학문적, 정치적 입장에 따라 형성된 집단을 일컫는 말입니다.

능주
현재 전라남도 화순의 옛 이름이지요.

교과서에는

▶ 사림 세력이 정권에 등장한 뒤 이들은 서로 분열하여 붕당을 이루었습니다. 특히 각 붕당은 인사권을 가진 이조 전랑의 임명 문제와 삼사의 언론 기관을 둘러싸고 대립하였습니다.

조광조가 유배 당시 생활했던 초가집(전라남도 화순)

실제로 큰 성과를 거두었습니다.

판사　어떤 성과를 거뒀나요?

박구자 변호사　▶원고가 사헌부 장관인 대사헌이 되어서 공정한 법으로 사건을 다스리자, 거리에 나가면 많은 사람들이 모여들어 말 앞에 엎드려서는 "우리 상전이 오셨다"고 말했다는 이야기가 전해져 올 정도로 백성들에게 신망이 두터웠지요. 이런 점들로 본다면 원고 등 사림 세력이 붕당을 결성하고 왕을 속이며 나라를 어지럽혔다는 등의 말은 거짓입니다. 이는 피고를 비롯해 심정, 홍경주 등이 자신들의 권력이 약화될 것을 우려해서 사림 세력을 모함했던 것입니다. 피

교과서에는

▶ 조선에는 왕이 바른 정치를 하도록 인도하는 사간원, 관리의 비리와 비행을 감찰하는 사헌부, 왕명의 출납과 정치의 자문을 맡은 홍문관의 삼사가 있었습니다.

고 측에서 도대체 어떤 근거로 이들에게 이런 화를 입혔는지 알 수 없으며 억울하기 그지없는 일입니다.

판사 원고 측 변호인 주장대로라면 원고 측은 아무런 죄도 없는 데 피고 측에서 이들을 무고했다는 것인데요. 피고 측 변호인, 반론 하세요.

이대로 변호사 원고가 무조건적으로 잘못했다고 생각하지 않습니다. 왜냐하면 피고도 한때나마 원고가 주장했던 정책들을 긍정적으로 평가했기 때문입니다. 하지만 원고의 개혁은 너무나 급진적이었고 타협을 거부했기 때문에 결국은 사림과 훈구가 함께 길을 갈 수 없었습니다.

판사 왜 거부했을까요?

이대로 변호사 조선 조정을 계속 뒤흔들고 싶었던 사림들의 지나친 욕심 때문이었습니다.

판사 이에 대해 원고 측 변호인은 어떻게 생각하나요?

박구자 변호사 아시다시피 원고는 성리학적 이상 정치를 주장하였습니다. 물론 이를 두고 훈구 세력은 현실성이 없다고 비판합니다만, 과연 그럴까요? 원고와 사림 세력의 개혁 정책이란 바로 현량과 시행과 향약 보급이었지요. 이 개혁 정책들은 실제로 조선과 백성들의 삶에 좋은 영향을 주었어요.

이대로 변호사 재판 둘째 날에 원고와 사림 세력이 주장한 개혁 정책은 개인의 욕심이 부른 것이었다고 언급한 바 있습니다. 무엇이 문제인지 그렇게 말했는데도 원고 측 변호인은 아직도 모르시겠습니까?

판사   양측 변호인 모두 목소리를 낮추세요!

이대로 변호사   존경하는 판사님, 원고와 사림 세력이 추진한 개혁 정책으로 인해 얼마나 많은 문제들이 발생했는지 모릅니다. 사림의 급격한 개혁 정책이 사림과 훈구의 세력 다툼을 부채질했다고 생각되지 않나요? 이에 대하여 피고를 다시 한 번 신문할 기회를 주시기 바랍니다.

판사   음, 좋습니다.

이대로 변호사   피고, 피고를 포함한 훈구 세력과 사림 사이에 갈등이 계속 커질 수밖에 없었던 이유가 있나요?

남곤   많은 이유가 있습니다만 가장 큰 이유로 과격한 사림의 개혁 정책을 말할 수 있습니다. 현량과의 문제점은 심각했어요. 원고는 현량과를 통해서 자신과 같은 사림 세력들을 추천하여 많이 뽑았지요. 이는 사림 세력이 중앙 정계로 진출하기 위한 것에 불과했습니다. 나중에 중종 임금께선 홍경주에게 이렇게 말했지요.

이대로 변호사   뭐라고 했나요?

남곤   "조광조 등의 사림 세력에게는 이미 이들을 도와줄 사람들이 모였다. 당초 현량과를 두고자 할 때 나도 좋다고 생각했는데, 이제 와서 생각하니 사실은 자신들을 도울 상대를 끌어모으기 위한 것이야"라고 하였습니다.

이대로 변호사   중종의 말로써 조광조 등의 사림 세력이 현량과를 시행하려 했던 이유가 드러나는군요.

남곤   맞아요. 원고는 말로는 개혁을 외치고 있었지만 마음속으로는 칼을 품고 있었어요. 그리고 자신의 거짓말에 임금과 백성들이 속아 넘어가자 이를 자신에게 이득이 되게끔 정치적으로 이용하려고 했던 겁니다. 조광조는 천하의 사기꾼이에요!

박구자 변호사   이의 있습니다. 피고는 지금 감정에 휘둘려서 원고를 인신공격하고 있습니다. 게다가 당시 백성들의 마음을 어림짐작하여 마치 사실인 것처럼 말하고 있습니다.

판사   인정합니다. 본 재판에서는 추측이 아닌 확실한 근거가 있는 사실만을 말하세요. 사림 세력이 조정에서 다양한 개혁 정책을 주장했던 당시의 상황에 대해 더 알고 싶군요.

이대로 변호사   중종을 방패 삼은 원고와 사림 세력의 거침없는 활보가 계속되었죠. 피고, 그때 상황이 어땠나요?

남곤   아주 가관이었어요. 게다가 원고는 위훈 삭제 운동까지 추진했어요. 위훈이란 '잘못된 공훈'이란 뜻입니다. 말하자면 위훈 삭제 운동이란 사림 세력들이 중종을 왕위에 오르게 한 공신들의 공을 삭제해야 한다고 주장한 것이지요. 아니, 상을 줬다 뺏는 경우는 또 뭡니까?

박구자 변호사   상을 주는 데 공정하지 않았다면 당연히 취소해야죠! 당연한 사실을 지금 억울하다고 하고 있는 것 같군요.

이대로 변호사   하하, 그것은 원고 측 변호인이 뭘 몰라서 하는 말이에요. 공신들의 공을 삭제해야 한다는 이유가 참 말도 안 됩니다. 공신들의 공을 살펴서 이른바 정국 공신을 책봉했는데 이때 이루어

어불성설
말이 이치에 맞지 않는다는 뜻
입니다.

진 공신 책봉이 잘못되었다는 것입니다. 도대체 뭐가 잘못
됐다는 말인지 모르겠습니다. 참으로 어불성설입니다. 잘
못된 공신 책봉을 바로잡자는 말도 안 되는 이유를 내세워
어떻게 해서든 훈구 세력을 짓밟고 싶었던 것이 아닙니까? 그야말
로 원고는 자신의 앞길에 방해되는 사람들을 모조리 내쫓으려고 했
던 것이지요!

박구자 변호사   과연 그럴까요? 그렇다면 공신이 어떻게 뽑혔는지

왜 조광조는 훈구 세력을 몰아내려 했을까?

다시 한 번 알아보면 될 것 같군요. 공신 책봉에 얼마나 많은 문제점이 있었는지 전혀 모르시는 것 같군요.

판사   자, 진정하세요. 위훈 삭제 운동에 대한 논쟁이 계속되고 있는데요, 과연 피고 측 주장대로 위훈 삭제 운동은 사림 세력이 자신의 권력을 확대하기 위한 것이었을까요? 피고 측 주장부터 들어 봅시다.

이대로 변호사   존경하는 판사님, 들어 보고 말고 할 것도 없습니다.

판사   피고 측 변호인, 그게 무슨 말입니까? 오늘 재판이 열리는 이유를 잊었나요? 무례한 발언은 삼가도록 하세요.

순간 판사의 얼굴이 어두워졌고, 이대로 변호사는 민망함에 얼굴이 붉게 물들었다.

판사   본론으로 다시 돌아가겠습니다. 위훈 삭제 운동이 과연 어떤 목적으로 시행됐는지 원고 측 의견부터 들어 봅시다.

박구자 변호사   네, 판사님. 위훈 삭제 운동에 대해 말하려면 중종이 왕위에 오른 과정에 대한 이야기를 빼놓을 수가 없는데요. 당시 중종반정 뒤에 책봉된 정국 공신은 총 몇 명이었고 또 누구였는지부터 살펴보려고 합니다. 이에 원고를 신문하겠습니다.

판사   좋습니다.

박구자 변호사   원고에게 묻겠습니다. 중종반정 이후 공신 책봉은 어떤 방식으로 이루어졌나요?

조광조　　중종 임금이 왕위에 오르는 데 공을 세운 사람들에 대해 그 공을 살펴 정국 공신을 네 등급으로 나누어 정했지요. 1등은 모두 8명으로 오늘 증인으로 나온 박원정을 비롯해 유순정, 성희안 등이 있었어요. 그리고 2등은 13명, 3등은 30명, 4등은 53명으로 이렇게 총 104명이 공신으로 책봉되었습니다.

박구자 변호사　　104명이라고요? 104명이라는 정국 공신의 수는 예전과 비슷한 숫자였나요?

조광조　　아뇨, 전혀 그렇지 않았어요. 예전보다 상대적으로 많은 숫자였지요.

박구자 변호사　　이상하군요. 왜 이전에 비해서 많았을까요?

조광조　　공을 세우지도 않았는데 공신으로 책봉했기 때문이죠. 숫자도 문제이지만 더 심각한 것은 공신 책봉을 받은 사람들 가운데 연산군으로부터 대접을 받았던 사람들도 있었고 공이 없는 사람도 받았으니 어찌 문제가 되지 않겠습니까? 그래서 나는 이러한 자들에 대한 공신 책봉은 무효라고 주장하였던 것입니다.

박구자 변호사　　결국 공신 책봉 과정에서 문제점이 있었다는 말이군요.

조광조　　네. 정당하지 않은 이유로 공신이 된 자들이 많았으니까요. 그래서 나는 위훈을 삭제할 수밖에 없었던 것이고요! 엉망인 조선을 바로잡기 위해서, 이유는 그것 하나뿐입니다.

박구자 변호사　　그렇다면 정당하지 않은 이유로 공신이 된 자들이 누구누구였는지 말해 주시겠어요?

조광조 　너무 많아서 말하기도 힘듭니다. 오히려 정당한 이유로 공신이 된 자들을 말하는 게 빠를 것 같군요. 굳이 부당한 경우의 예를 하나 들자면 유자광이라는 자입니다. 그는 자신의 아들과 동생 혹은 혼인으로 연결된 사람들을 모두 공신의 반열에 올렸어요.

이대로 변호사 　이의 있습니다. 지금 원고는 나라와 백성들을 위해 중종반정을 시행한 뒤 공신으로 올라선 자들에 대해 모욕적인 발언을 하고 있습니다.

박구자 변호사 　전혀 그렇지 않습니다! 원고에게 묻겠습니다. 이는 원고의 개인적인 의견입니까?

조광조 　아뇨. 이런 주장은 나뿐만 아니고 이후에도 김구 등 다른 신하들도 주장했어요. 그렇기 때문에 이것은 개인의 의견이라고는 할 수가 없지요. 잘못된 공신호를 바로잡으려고 했던 것은 정치를 바로잡으려는 생각에서 출발한 겁니다. 잘 아시다시피 공신에 책봉되면 자자손손 대를 이어 가며 정치적 권력뿐만 아니라 경제적으로도 막강한 혜택을 받았지요. 그런데 가까운 사람이라고 해서 공신 책봉을 한다는 것은 깨끗한 정치를 위해서는 있을 수 없는 일 아닙니까?

박구자 변호사 　그렇지요. 아, 물론 공신 책봉이 된 사람들 모두가 문제를 일으켰다는 말은 아닙니다. 그렇다면 중종반정 이후 공신으로 책봉된 사람들 중에 주로 어떤 사람들이 문제가 되었습니까? 몇 사람만 얘기해 주시겠어요?

조광조 　음…… 힘들겠는데요.

향시

조선 시대 때 지방에서 실시하던 과거의 첫 시험을 말합니다. 당시에는 향시에 합격해야만 서울에서 열리는 시험을 치를 자격이 주어졌습니다.

박구자 변호사　아니, 왜죠?

조광조　한두 명이 아니기 때문이죠. 하지만 말씀드린다면 2등은 유순, 운수군 이효성, 운산군 이계, 덕진군 이활, 이계남, 구수영, 김수동, 3등은 송질, 강혼, 한순, 이손, 정미수, 박건, 김수경, 윤탕로, 신준 등입니다. 4등은 50여 명인데 이들 전체에 대해서 공신호를 삭제하자고 청했던 것입니다. 이들 가운데 강혼은 지극히 간사하여 문장으로 세상에 빌붙었던 인물이지요. 구수영은 죽어도 남는 죄가 있는데도 오히려 공을 누릴 수 있었으니 이게 무슨 까닭입니까? 권균 등은 다 도성 문밖에 있으면서 공을 얻었습니다. 이 밖에도 민효증은 사람이 못되고 간사하므로 중벌에 처해야 할 터인데 도리어 공신호를 주었으니 안타까울 따름입니다. 유홍은 유순정의 아들로 향시에 응시하러 가 있었는데 공신 책봉에 올랐습니다.

박구자 변호사　제가 듣기론 겨우 17세인 자가 공신호를 받았다고 들었는데, 맞습니까?

조광조　맞습니다. 이게 말이나 되는 일입니까? 정말 가슴을 칠 노릇이죠.

박구자 변호사　나라를 걱정하는 원고의 마음은 여전하군요.

조광조　난 늘 이 나라와 백성들을 걱정했지요. 그것은 당연한 일이라고 생각합니다. 박 변호사가 17세짜리가 불법으로 공신호를 받았다고 했는데 그자의 이름은 성율이에요. 이외에도 자제나 혼인 관계로 4등 공신이 된 자가 30여 명, 유자광에게 뇌물을 건네고 얻은 자가 5~6명, 환관으로서 얻은 자가 7~8명, 재상의 위세로 얻은 자가 10여 명입니다.

박구자 변호사 특별한 공이 없는데 뇌물로 공신호를 받았다니 문제가 굉장히 심각했군요.

조광조 네. 특히 최유정 같은 이는 <u>영안도</u> 사람으로 재상에게 바친 뇌물의 대가로 공신호를 받았다고 합니다. 지금 내가 말한 대부분의 사람들이 이렇게 특별한 공이 없는데도 공신호를 받았으니 이를 정리하는 것은 마땅하다고 생각했습니다. 사실 이보다 앞서 1514년 2월에 연산군의 총애를 받았던 윤장과 조계형, 이우 등에 대해서 이미 공신호를 삭제한 적이 있었기 때문에 별 문제가 없을 것으로 생각하고 이런 주장을 했던 것입니다.

판사 원고의 말대로라면 잘못된 공신호를 삭제하는 것은 타당해 보이는데요. 피고 측에선 이에 대해 어떻게 생각하십니까?

이대로 변호사 물론 공신호가 잘못 주어졌다면 반드시 삭제되어야 하겠지요. 그러나 이는 쉬운 문제라 할 수 없어요. 그렇죠, 피고?

남곤 그렇습니다. 그래서인지 당시 임금께서도 이 문제는 신중하게 접근해야 할 것으로 생각하셨지요. 그래서 앞서 이희옹의 공신호를 삭제할 때의 상황을 예로 들어 쉽지 않겠다고 말씀하신 적도 있었습니다. 그리고 계속된 요청에 대해서도 이를 윤허하지 않으셨던 것은 원고도 알고 있는 사실입니다.

박구자 변호사 이의 있습니다, 판사님. 피고 측 변호인은 교묘하게 문제의 핵심을 피해 가고 있습니다.

판사   인정합니다.

박구자 변호사   피고는 당시 조정에서 대신을 비롯해 많은 사람들이 모여 공신호 삭제를 논의할 때 어디 있었나요?

남곤   아, 저는 그때, 그, 그러니까…….

박구자 변호사   피고는 왜 말을 더듬으십니까? 좀 이상하군요. 당시 피고는 세종 대왕릉에 향을 전달하는 관원인 향사로 가 있었습니다. 불법으로 공신에 책봉된 자들이 공신호 삭제를 당할 때 왜 하필 조정에 없었을까요? 이는 계획적으로 곤란한 자리를 피해 간 것이라 할 수 있습니다. 참으로 그 마음 씀씀이가 간사하다고 할 수 있겠습니다.

이대로 변호사   이의 있습니다. 원고 측 변호인은 말이 지나치십니다. 어찌 향사로 차출되어 간 것이 자리를 피하려 한 것이겠습니까? 그렇게 짜 맞추기 식으로 말하지 마십시오!

남곤   저는 억울합니다.

박구자 변호사   억울하다고요?

남곤   그렇소.

박구자 변호사   피고는 당시 1품의 위치에 있었지요?

남곤   맞소이다.

박구자 변호사   국가에 중대사가 있는데 향사로 차출되어 간 것은 조금 이상하군요. 음…….

　　박구자 변호사는 의기양양하게 자리에 가서 앉았다. 방청석에 있

던 몇 사람이 고개를 끄덕였다. 방청석이 다시 소란해졌다. 남곤을
비난하는 사람들의 목소리가 들렸다. 이대로 변호사는 잠시 주춤하
다가 목소리를 높였다.

이대로 변호사　　이의 있습니다. 지금 원고 측 변호인은 본인의 억지
추측으로 피고를 몰아세우고 있습니다.

판사　　조용히 하세요. 피고의 입장도 이해는 됩니다만, 당시 1품의
위치에 있었던 피고가 국가 중대사를 외면하고 향사로 간 것은 의심
을 피할 수 없다고 생각됩니다. 이에 대해 피고 측 변호인, 반론하시
겠습니까?

이대로 변호사　　네. 피고는 솔직하게 답변해 주십시오. 당시 일부러
향사로 간 건가요?

남곤　　전혀 그렇지 않습니다. 우연의 일치일 뿐입니다. 나는 임금
의 명령을 받고 간 거예요. 사실 말이 나와서 말인데, 원고를 비롯한
사림 세력들이 주장하는 공신호 삭제에 대해서는 이를 반대했던 사
람들이 여럿 있었습니다. 예를 들어 신평군 강윤희의 고변을 통해서
나온 이야기입니다만, 전 목사인 김우증이 강윤희에게 "이제 현량과
출신들이 많이 나와서 조정에 나란히 서게 되면 반드시 옛날 신하들
을 모조리 없앨 것이니 내가 선수를 쳐서 잘라 없애려고 한다"고 했
다고 합니다. 이를 보면 공신을 비롯한 많은 사람들이 사림들의 이
같은 주장에 대해서 대단히 불안해하였음을 알 수 있지요. 다시 말
해서 우리는 그들의 검은 속내를 이미 꿰뚫고 있었다 이 말입니다.

박구자 변호사　　이의 있습니다. 지금 피고는 오늘 다루는 사건과는 거리가 먼 이야기를 하고 있습니다.

판사　　인정합니다. 크게 상관없는 이야기는 자제해 주시기 바랍니다. 오늘은 세 번째 재판 날로 시간이 얼마 남지 않았다는 점을 잊지 마시고요. 원고 측 변호인, 하실 말씀 있습니까?

박구자 변호사　　원고에게 묻겠습니다. 당시 왕이었던 중종은 위훈 삭제 운동에 대해 어떻게 생각했습니까?

조광조　　사실 임금께서는 이 문제에 대해 고민이 많았습니다. 그래서 저희들에게 조용히 그리고 천천히 이를 주장하라고 명하기도 하셨어요. 그러나 이 문제는 일단 제기된 이상 중단할 수 없었고, 만약 중지하면 오히려 사림들이 공신들로부터 공격당해 엄청난 화를 불러올 게 불 보듯 뻔했습니다. 그래서 저는 "귀양을 가거나 죽더라도 참으로 마음에 달게 여기겠습니다"라고 맹세까지 하면서 임금께 이를 빨리 들어주십사 청했던 것입니다. 피고가 이 문제에 대해 회피하고 있습니다만 우리가 이 문제를 제기한 이유가 맑은 정치, 깨끗한 정치를 하려는 것이었어요. 정작 피고나 대다수 공신들은 입장이 달랐겠죠. 그들로선 공신 책봉을 통해서 얻은 정치적, 경제적 이익을 빼앗기는 일이 되므로 물론 쉬운 문제는 아니었다고 생각됩니다. 남곤, 심정 등이 반대한 이유도 바로 그 때문이었겠죠. 그래서 결국 훈구 세력은 기묘사화를 일으켜 나를 비롯한 수많은 사림 세력을 유배 보내거나 죽게 만들었던 것 아닐까 생각되네요.

판사　　원고와 피고, 두 분의 말씀을 들어 보니 위훈 삭제라는 것이

　　왜 조광조는 훈구 세력을 몰아내려 했을까?

그리 간단한 문제가 아니었다고 판단됩니다. 원고 측에서는 맑고 깨끗한 정치를 위한 전제로 위훈 삭제를 주장했고, 직접적으로 참여했는지 명확하지는 않지만 피고를 비롯한 공신의 입장에서는 이를 정치적, 경제적으로 자신들을 약화시키려는 것으로 생각했던 것은 분명한 것 같습니다. 그렇다면 이 일이 결국 어떻게 마무리되었는지 궁금하군요. 원고 측에서 답변하십시오.

박구자 변호사   네. 원고에게 묻겠습니다. 위훈 삭제 운동은 어떤 식으로 끝났죠?

조광조   나를 비롯한 사림과 일부 대신들이 10여 일 이상 계속해서 임금께 우리들의 요구를 들어달라고 요청했습니다. 임금께선 처음에는 많은 인원의 공신호를 삭제하는 것은 옳지 않다고 말씀하시기도 했지요. 그러다 1519년 11월 11일, 마침내 76명이 공신호를 잘못 받았다 하여 삭제하고 **공신녹권**을 바로잡도록 명령하셨지요. 그런데 사실 이 과정에서 무엇인가 석연치 않은 점이 있었습니다.

박구자 변호사   그게 뭐죠?

조광조   임금께서 이 결정을 내리는 과정에서 홍경주에게 상의하셨다는 점입니다. 홍경주는 일찍이 찬성이라는 관직에 올랐다가 사림들의 **논박**을 받아 파면된 적이 있던 인물입니다. 더구나 그의 딸이 후궁인 희빈인데, 이렇게 사림 세력에 불만을 갖고 있으면서 왕실과도 관련된 사람을 끌어들인 것이 왠지 모르게 석연치 않았습니다. 혹시 이런 일들이 기묘사화를 조장하게 된 배경이 아닐까도 생각됩니다…….

판사 원고의 주장대로라면 결국 기묘사화는 남곤과 홍경주 등이 주도했다는 것인데요. 원고 말이 맞는지 지금부터 기묘사화에 대해 구체적으로 살펴보도록 하지요. 참, 오늘 원고 측 변호인이 기묘사화와 관련해서 특별한 분을 모셨다고 들었습니다.

박구자 변호사 기묘사화에 대해 공정한 의견을 듣고자 이 분야에 정통한 역사학자를 어렵게 모셨습니다. 역사학자 이기원 선생님을 증인으로 모셔 객관적인 관점으로 되짚어 보는 자리가 되었으면 합니다.

판사 좋은 생각입니다. 증인은 증인석으로 나와 주세요.

판사의 호명에 따라 역사학자 이기원이 증인석으로 나왔다. 첫 재판인 만큼 약간 떨리는 듯 법정 안을 조심스럽게 두리번거렸다. 이윽고 증인 선서를 한 뒤 증인석으로 갔다.

판사 증인은 학자적 양심과 소신에 따라 본 법정에서 심리하고 있는 기묘사화 문제에 대해 솔직하게 대답해 주시기 바랍니다.

이기원 물론입니다.

판사 기묘사화가 발생한 배경부터 시작해 주시지요.

이기원 기묘사화의 직접적 원인은 앞서 논의되었던 위훈 삭제 문제가 아닌가 생각됩니다. 위훈 삭제는 공신 세력의 입장에서 본다면 자신들의 목을 겨누는 대단히 위험천만한 사안이었습니다. 그리고

왜 조광조는 훈구 세력을 몰아내려 했을까?

이것이 결국 공신 세력의 반격을 불러 사림 세력이 화를
당하게 된 것이라고 할 수 있습니다.

판사   그렇군요. 혹시 피고에 대해서 잘 아시나요?

이기원   네. 오늘 재판에 온 것도 피고를 직접 보기 위해
서이지요. 내가 생각하는 피고는 본래 문인으로서 촉망받
던 사람이었어요. 그런데 그 행동하는 것이 바르지 못한 데다 조광
조 등의 사림 세력이 자기를 남씨 성을 가진 소인이라는 뜻으로 남
소인이라고 몰아세우자 사림 세력을 미워하기 시작했지요. 아니, 미
워하는 것을 넘어 그들을 제거하려고 하였습니다. 피고는 자기처럼
소인이라고 지목받고 있는 심정과 모의하여 사림 세력이 중종을 몰
아내려고 한다는 유언비어를 퍼뜨렸죠.

판사   심정은 어떤 사람인가요?

이기원   피고와 뜻을 함께한 훈구 세력이에요. 심정은 이조의 으
뜸가는 벼슬인 이조 판서직에 있었는데, 그 역시 사림 세력의 탄핵
을 받고 자리에서 쫓겨나게 되었지요. 그러자 절치부심하던 심정은
남곤과 함께 기묘사화 직전에 발생한 지동을 이용했어요.

판사   지동이라면 지진을 말하는 건가요?

이기원   네. 조선 시대 사람들은 천지의 변화가 인간 세상의 일과
긴밀하게 관련이 있다고 생각했습니다. 그래서 지진, 가뭄, 홍수가
발생하면 정치가 잘못되었기 때문이라고 믿었죠. 남곤, 심정 등의
훈구 세력이 이것을 이용한 것이죠.

판사   자연의 변화인 지진을 어떻게 이용했나요?

유언비어
아무 근거 없이 널리 퍼진 소문
을 말합니다.

절치부심
몹시 분한 마음이 들어 이를 갈
며 속을 썩임을 말합니다.

이기원　남곤, 심정 등은 지진이 발생하자 근심하고 있던 중종에게 권세 있는 신하가 나랏일을 제 마음대로 하고 장차 모반을 일으키려 하기 때문에 그 징조로 지진이 발생했다고 말하였습니다.

판사　권세 있는 신하란 조광조인가요?

이기원　그렇지요. 바로 원고와 그를 추종하는 사림 세력을 말하는 것이지요. 게다가 민심이 점차 조광조에게로 돌아간다는 말을 지어 퍼뜨렸어요. 또한 대궐 후원에 있는 나뭇가지 이파리에다 '주초위왕(走肖爲王)'이라고 꿀로 써서 벌레가 파먹게 한 다음 자연적으로 생긴 양 꾸몄죠. '주초(走肖)'는 '조(趙)'를 쪼갠 것으로 조씨가 왕이 되리라는 의미였어요. 이를 본 중종은 크게 화를 내었죠.

판사　그 후 어떻게 되었나요?

이기원　그 후로도 '조정의 권세와 백성들의 마음이 모두 조광조에게로 돌아갔다'라는 등의 소문이 밤낮으로 왕의 귀로 흘러 들어가게 했어요.

판사　다소 우유부단한 성격으로 알려진 중종이라면 흔들렸을 수도 있었겠네요.

이기원　그렇죠. 당시 중종은 계속되는 남곤 등의 훈구 세력의 말에 흔들리고 있었어요. 마침 이런 상황에서 사림들이 위훈 삭제 문제를 정면으로 들고 나온 겁니다. 이에 남곤, 심정, 홍경주 등은 밤중에 갑자기 대궐로 가서 중종에게 조광조 무리가 모반하려 한다고 거짓으로 아뢰었습니다. 당시 위훈 삭제하라는 왕의 교지가 내려지자 많

은 반정 공신들이 가담하여 대소동을 일으켰는데요, 남곤, 심정, 홍경주 일당은 이 기회를 놓칠세라 거짓을 아뢴 거지요.

판사 　당시 중종의 심정은 어땠을까요?

이기원 　중종 즉위 10여 년이 지나도록 조선을 지배한 것은 훈구 세력이었습니다. 중종이 훈구 세력을 견제하기 위해 조광조를 발탁한 데에는 그런 배경이 있었죠. 왕권 강화를 노린 중종은 개인적인 이해관계보다 도학 이념의 원리 원칙대로 일을 진행하는 조광조의 개혁 정책을 매우 만족스러워했어요. 하지만 끝없는 조광조의 개혁 정책에 차츰 질리기 시작했지요.

판사 　어쩌면 조광조 등 사림 세력이 왕권의 정통성마저 위협할 수 있다는 생각이 들었을 수도 있겠네요.

이기원 　그렇습니다. 이 무렵 그렇지 않아도 여러 가지 조짐으로 꺼림칙하던 차에 조광조 일파가 모반하려 한다는 말을 듣자 중종은 크게 노해서 무사들로 하여금 즉시 조광조, 김식, 기준, 한충, 김구, 김정, 김안국, 김정국, 이자 등을 잡아들이라고 하였습니다. 이때가 중종 14년인 1519년 기묘년 11월 15일 밤이었지요. 이날의 총 지휘자가 누구인지 아십니까?

판사 　피고가 아니었나요?

이기원 　아닙니다. 바로 중종 자신이었습니다. 중종과 훈구 세력이 힘을 합쳐서 사림 세력을 공격한 것이죠. 사림 세력 입장에서는 얼마나 황당했겠습니까? 하루아침에 역적이 되었으니까요.

판사 　기묘사화가 벌어지고 나서 조정이 아주 시끄러웠을 것 같

　왜 조광조는 훈구 세력을 몰아내려 했을까?

군요.

이기원　네. 이유도 모른 채 역적으로 몰린 사림 세력은 모두 벌벌 떨고 있는데, 영의정 정광필은 소리 높여 "연소한 유생들이 때를 알지 못하고 예민한 수단을 부렸을지언정 절대로 다른 뜻을 품지는 않았사오니 통촉하시어 용서하시옵소서"라고 중종에게 말하였습니다.

　재판의 증인으로 나온 정광필의 어깨가 들썩이고 있었다. 정광필의 주름진 눈가에서 어느새 눈물이 흘러내리고 있었다.

판사　그때 원고는 어디에 있었습니까?

이기원　당연히 원고도 감옥에 갔혔지요. 그러자 도성 사람들이 무리지어 상소하여 용서해 주기를 중종에게 청했습니다. 성균관 유생 3000여 명이 대궐 밖에서 통곡하며 울부짖어 대궐 안까지 소리가 들릴 정도였다고 합니다. 그러나 결국 조광조를 포함해 약 70명의 사림 세력이 모두 사약을 받고 죽음을 맞이하게 됐죠. 이것이 이른바 기묘사화인데, 이때 죽은 사람들을 가리켜 기묘명현(己卯名賢)이라 합니다.

판사　원고에게 직접 그때의 심정을 듣고 싶군요. 하지만 힘들면 말씀 안 하셔도 됩니다.

조광조　휴, 말씀드리지요. 그날은 1519년 음력 12월 20일이었죠. 그날 내가 머물렀던 유배지 능주는 살을 에는 추위와 며칠째 내리는 눈으로 온 세상이 새하얬어요.

개혁에 실패하고 유배지에서 죽음을 맞이한 조광조의 묘소

사약을 받으라는 금부도사의 말을 나는 도무지 믿을 수가 없었지요. 나는 임금께서 훈구 세력의 모함이었다는 사실을 알아차리고 나의 죄를 거두실 것이라고 믿고 있었기 때문이죠. 그때의 심정은 한마디로 억장이 무너지는 것 같았어요.

조광조의 눈꺼풀이 가볍게 떨렸다. 마치 지금 죽음을 앞둔 사람처럼.

조광조　나는 "임금이 신에게 죽음을 내리니 마땅히 죄명이 있을 것이다. 공손히 듣고서 죽겠다"라고 말한 뒤 임금이 계신 북쪽을 향하여 두 번 절했지요. 그러고 나서 사약을 단숨에 들이키고 몽롱해져 가는 정신으로 임금을 향한 시를 읊었어요.

판사　그 시를 들려달라고 부탁해도 되겠습니까?

조광조는 고개를 끄덕이고는 눈을 지그시 감았다. 법정 안에 있는 모든 사람들의 시선이 조광조를 향했다.

조광조　그럼 읊겠습니다.

임금 사랑하기를 아버지 사랑하듯 하였고

왜 조광조는 훈구 세력을 몰아내려 했을까?

나라 근심하기를 집안 근심하듯 하였노라.

밝은 해가 아래 세상 내려다보고 있나니

가이 없는 이 내 충정 길이길이 비추리라.

조광조는 끝내 눈물을 보이고 말았다. 배심원석에서도 훌쩍거리는 소리가 들렸다. 법정 분위기가 숙연해졌다.

왜 조광조는 훈구 세력을 몰아내려 했을까?

기묘사화 이후 조선 사회는 어떻게 변화했을까?

2

판사 이제부터 기묘사화 직후 조선 조정의 변화에 대해 살펴보겠습니다. 증인은 계속 말씀해 주세요.

이기원 기묘사화 후의 상황은 그야말로 반전의 연속이었습니다. 하루아침에 역적과 공신이 바뀌었으니까요. 훈구 세력인 남곤과 이유청은 각각 좌의정과 우의정이 되었고 김전은 영의정이 되었어요.

판사 기묘사화를 계기로 사림 세력이 추진했던 개혁 정책은 물거품이 되었겠군요?

이기원 물론이죠. 훈구 세력은 사림 세력이 시행한 현량과를 폐지하자고 주장했어요. 심지어 사림 세력이 중종을 속여 자신들의 세력을 등용하려고 했으므로 반드시 폐지해야 한다고 하였습니다. 또한 훈구 세력은 맨 처음 현량과를 시행하자고 말한 사람이 안당이니 그를 벌하라고 청하기도 하였죠.

판사   중종이 어떻게 했을지 궁금하네요.

이기원   중종은 처음에는 현량과를 폐지할 생각이 없었어요. 단지 사림 세력이 중요한 관직에 등용되는 것만 막으려고 했는데 훈구 세력의 끝없는 요청에 결국은 현량과를 폐지하고 말았죠. 이렇게 없어진 현량과는 중종의 다음 왕인 인종 말년에야 다시 원상태로 회복되었지요. 기묘사화로 인하여 현량과가 폐지되었고 삭제된 공신호를 다시 원상태로 만드는 등 모든 것이 원래 상태로 되돌아갔습니다.

판사   기묘사화가 발생하게 된 배경과 그 직후의 상황까지 자세하게 말씀해 주신 증인께 감사합니다. 이제부터는 기묘사화 이후 사림 세력과 훈구 세력이 어떤 활동을 하였는지 살펴보도록 하겠습니다. 동시에 사림 세력에 대한 역사적 평가도 할 것입니다. 이에 대해서는 피고 측에서 먼저 발언하세요.

이대로 변호사   16세기 후반 이후에는 사림의 시대가 왔다고 볼 수 있는데 그 과정에서 피고와 같은 훈구 세력의 역사적인 공로도 반드시 고려되어야 한다고 생각합니다. 사실 기묘사화라는 것이 겉으로 보기에는 피고 측에서 권력을 유지하기 위해 일으킨 것으로 보이지만 반드시 그렇지만은 않습니다. 안 그렇습니까, 피고?

남곤   맞습니다!

이대로 변호사   피고는 사림 세력에 대해 역사적 평가를 한다면 어떻게 하시겠습니까?

남곤   물론 나의 평가도 중요하겠지만 좀 더 객관적으로 평가를 하고 싶습니다. 여기 계신 분들 중에 율곡 이이 선생을 모르는 분은 안 계실 겁니다. 율곡 이이 선생은 원고를 굉장히 존경했지요. 아니, 존경을 넘어서 항상 원고를 떠받들고 그가 펼쳤던 성리학적 이론을 이어받고자 부단히 노력했습니다. 그러나 율곡 이이 선생도 원고의 개혁 추진은 지나치게 급진적이었다고 지적했지요.

이대로 변호사 　새로운 사실이네요.

남곤 　더군다나 이들은 학문적으로 충분히 성숙되지 못한 상태에서 개혁을 추진하였기에 문제점이 발생했다고 생각합니다. 따라서 나 역시 사림의 개혁 정책은 언젠가는 마땅히 추진해야 할 것이었다고 인정합니다만, 좀 더 상황을 봐 가며 하는 편이 좋았을 거라고 생각합니다.

이대로 변호사 　피고의 생각이 사림 세력에게 전달됐나요?

남곤 　아쉽게도…… 안 됐던 것 같은데요. 아무튼 훈구 세력과 사림 세력의 다툼은 점점 더 커졌습니다. 오늘날에도 그렇습니다만, 개혁이라는 것이 상황을 고려하면서 이루어져야지 무조건 원칙만 강조하다 보면 결국 실패할 수밖에 없지요.

이대로 변호사 　피고의 말에 의하면 사림 세력이 어느 정도 스스로 책임질 부분이 있다고 보입니다. 기묘사화 이후 피고 등의 훈구 세력이 정치를 주도하게 되었나요?

남곤 　네.

이대로 변호사 　훈구 세력은 어떤 정책을 펼쳤나요?

남곤 　우리들은 나름대로 선왕들이 만들어 놓은 이전 방식으로 돌아가려고 했지요. 특히 논란의 중심에 있었던 현량과를 폐지하였지요. 이는 아주 잘한 것 같습니다.

이대로 변호사　왜 폐지했죠?

남곤　다시 한 번 말씀드리지만, 현량과를 폐지한 것은 단순히 사림 세력이 시행한 것이기 때문만은 아니에요. 이미 시행되고 있는 과거 제도가 있는데 또 다른 과거 제도를 새로 시행할 필요는 없다고 봅니다. 위훈 삭제 운동 역시 같은 맥락입니다. 이미 정해진 공신호를 개정함으로써 일어난 정치적, 사회적 혼란을 과연 누가 책임질 것입니까? 사림이 책임질 게 아니잖아요.

이대로 변호사　피고의 말처럼 피고와 동료들은 사림들이 일으킨 문제를 해결하는 데 노력했습니다. 그런데 고마워하기는커녕 소송까지 하다니요? 아무리 자신들의 이익과 관련된 일이라 할지라도 이렇게 소송을 거는 건 기가 막힐 뿐입니다. 이상입니다.

판사　원고 측 변호인, 반박하세요.

박구자 변호사　아무리 피고 측 변호인으로 나왔다 하더라도 진실까지 왜곡해서야 되겠습니까?

이대로 변호사　아니, 무슨 말씀을 그렇게 하세요? 내가 진실을 왜곡했다고요? 이거 지금 명예 훼손이라고요!

　　이대로 변호사는 불쾌한 듯 박구자 변호사를 노려보았다. 하지만 박구자 변호사는 아랑곳하지 않고 말을 이어 갔다.

박구자 변호사   현량과를 폐지하여 원래의 상태로 돌려놓았다고 하셨습니다. 현량과 시행 이전의 상황은 어땠나요?

남곤   문제없이 잘 시행되고 있었습니다.

박구자 변호사   그것은 사실이 아니지요. 이미 시행되고 있던 과거 제도가 제대로 기능하지 못하고 온갖 비리를 일으키고 있는 상태였지요. 피고의 말대로라면 잘못 운영되고 있던 과거 제도로 돌려놓았다는 건데 이게 지금 말이 됩니까? 사실 피고 등은 기묘사화 이후 권력을 장악하고 마음대로 정치를 펼쳤죠. 그리고 자신들과 정치적 입장을 달리하는 사람들은 무조건 제거했어요. 피고, 그렇지 않습니까?

남곤   그렇지 않습니다. 정치적 입장이 달라서 사람을 죽인 적은 없습니다. 그런 행동은 야만인이나 하는 행동 아닌가요?

박구자 변호사   끝까지 오리발을 내미는군요. 피고는 심정이란 인물을 잘 알지요?

남곤   잘 압니다.

박구자 변호사   1521년 심정은 사림 세력이었던 안당을 국사를 그르친 간신이라고 몰아세워 결국 삭탈관직하지 않았습니까? 또한 기묘사화가 발생한 지 10여 년 이상 흐른 뒤에 구수담, 이준경 등이 기묘사화 때 화를 입은 사람들 일부를 복귀시키려 하다가 결국 피고의 미움을 받아 쫓겨난 것 아닙니까? 틀렸습니까?

남곤   그, 그건, 사, 사실이 아, 아니오.

박구자 변호사   역시 당황하시면 말부터 더듬거리는군요.

삭탈관직
죄를 지은 자의 벼슬과 품계를 빼앗고 벼슬아치의 명부에서 그 이름을 지우던 일을 말합니다.

복권
상실한 권세나 권리를 다시 찾
음을 말합니다.
추증
나라에 공로가 있는 벼슬아치,
그 벼슬아치의 부모들에게 죽은
뒤에 관직과 품계를 높여 주던
일을 말합니다.

이대로 변호사 이의 있습니다. 원고 측 변호인은 지금 몸과 마음이 지친 피고를 조롱하고 있습니다.

판사 어느 정도 인정합니다. 원고 측 변호인, 주의하세요. 하지만 원고 측 변호인의 말처럼 피고 측에서 정권을 잡고 있는 한 사림 세력이 다시 관직에 오른다는 것은 쉬운 일이 아니었을 것 같군요.

박구자 변호사 그렇습니다. 그렇다면 원고는 과연 어떻게 복권이 되었나요?

조광조 나에 대한 복권 문제가 처음 거론된 것은 중종 대 후반이었어요. 당시 의정부 좌찬성으로 있던 김안국이 나에 대해 관직을 회복시키자고 주장했으나 받아들여지지 않았죠. 그로부터 몇 년 후 성균관 유생 등이 상소를 했고 이것이 받아들여져서 나의 관직이 회복됐지요.

박구자 변호사 선조 때도 원고의 직위에 변화가 있었지요?

조광조 네. 1567년(선조 1)에 나는 영의정으로 추증되었어요. 그리고 그로부터 약 40여 년이 지난 1610년(광해군 2)에는 앞선 유학 선배들의 신위가 모셔진 문묘에 배향되는 영광을 얻게 되었지요. 비록 사후의 일이지만 영광이라고 생각합니다.

박구자 변호사 결국 원고와 동료들이 했던 일들이 제대로 평가되었군요!

조광조 그렇습니다. 그런데 이 과정을 보면 이른바 사림의 시대로 가는 과정과 거의 같은 맥락이어서 흥미롭습니다. 무슨 말인가하면, 사실 기묘사화 이후 정치를 주도한 세력은 남곤, 심정, 김안로와 같은 사람들이었어요. 물론 이 과정에서 일부 화를 면한 사람들이 조정에 나와 활동하기는 했지만 힘이 없었지요. 그런 데다가 중종 임금 말년부터 왕의 외척들이 본격적으로 정치에 진출하면서 이들 간에 갈등이 생겼지요.

박구자 변호사　외척이란 누구를 말하나요?

조광조　외척이란 후일 역사에서 대윤과 소윤이라 불리는 인물들로, 인종의 외숙인 윤임을 중심으로 한 대윤 세력과 명종의 외숙인 윤원형을 중심으로 한 소윤 세력을 말합니다. 중종의 뒤를 이어 즉위한 인종 때는 대윤 세력이 소윤 세력을 압도했으나, 인종께서 왕위에 오른 지 1년도 안 되어 승하하시고 그 뒤에 명종이 즉위하시자 당연히 소윤 세력이 힘을 얻게 되었지요. ▶그리고 그 과정에서 윤원형의 주도하에 을사사화가 발생하였습니다.

이대로 변호사　이의 있습니다. 현재 피고는 사림과 무관한 이야기를 하고 있습니다.

판사　인정합니다.

박구자 변호사　아닙니다. 전혀 무관하다고 할 수 없습니다. 왜냐하면 을사사화 때 일부 사림이 연루되어 화를 당하였기에 사화의 하나로 불리고 있기 때문이죠.

판사　그렇군요. 지금까지 양측의 이야기를 들어 보니 기묘사화 이후 사림들이 제대로 활동할 수 있는 여건이 안 되었던 것 같습니다.

교과서에는

▶ 명종이 즉위하면서 외척 간 권력 다툼에 휩쓸린 사림 세력은 또다시 정계에서 밀려났습니다. 이를 을사사화라고 하지요.

박구자 변호사　　그렇습니다. 훈척이라든지 외척 세력들이 정치를 주도했으니 여기에 사림 세력이 참여하기가 힘들었다고 할 수 있습니다. 더구나 명종이 왕위에 오른 뒤에는 그 어머니인 문정 왕후가 수렴청정을 하지 않았습니까?

판사　　수렴청정이오? 가끔 사극 드라마에서 왕 뒤에 왕대비나 대왕대비가 발을 내리고 앉아 조정 신하들과 이야기하는 장면을 보았는데 이것이 수렴청정이지요?

박구자 변호사　　맞습니다. 문정 왕후가 수렴청정을 하게 되면서 동생인 윤원형이 권력을 주도하게 됩니다. 여기에다 승려 보우를 중심으로 불교 세력까지 끼어들었으니 사림 세력이 정치에 참여할 기회란 거의 없었습니다.

판사　　그렇다면 어떻게 사림들이 이후 정치 사회 면에서 주도적으로 활동할 수 있게 되었는지 더욱 알 수가 없네요. 좀 더 구체적으로 사림들의 동향을 말씀해 주시지요.

박구자 변호사　　존경하는 판사님, 이 부분과 관련해 진술해 주실 퇴계 이황 선생을 증인으로 모시고자 합니다.

판사　　좋습니다. 증인은 증인석으로 나오시기 바랍니다.

　　이황이 걸어 나오자 방청객들이 술렁대기 시작했다.

　　"아니, 그 유명한 이황 선생을 오늘 법정에서 보게 될 줄이야! 너무 감격스럽네."

　　"내 생애 최고의 날이로구나, 이황 선생을 뵙다니!"

방청객들은 성리학의 대가 이황 선생을 본다는 것 자체가 매우 놀라워 웅성거렸다.

이황은 이에 아랑곳하지 않고 진지하게 증인 선서를 한 뒤 자리에 앉았다. 이황은 자신의 선배인 원고 조광조를 바라보며 가볍게 인사를 하였다. 조광조는 반가움에 환한 미소를 지었다.

판사　모두 조용히 하세요. 저 역시 조선 중기 때의 위대한 학자인 이황 선생을 증인으로 모시게 되어 영광스럽습니다. 오늘은 증인으로 나오셨으니 성실하게 답변해 주시기 바랍니다.

이황　물론이지요. 오늘은 나의 선배 학자인 정암 조광조 선생과 관련한 증언을 하기 위해 나온 자리인 만큼 성실하게 답변하도록 하겠습니다.

박구자 변호사　감사합니다. 우선 간단한 자기소개를 부탁합니다.

이황　허허허. 다들 알고 있을 것 같으니 간단하게 하지요. 나는 1501년 경북 예안에서 태어났소. 도산서원을 설립해 후배 양성에 힘썼고, 「도산십이곡」이라는 시조를 썼지요. 그리고 운이 좋았던 건지 중종, 명종, 선조와 사이가 매우 좋았어요.

박구자 변호사　아마도 역대 왕들이 증인의 학문에 반했던가 봅니다.

이황　허허허.

박구자 변호사　증인은 고려 말 유입된 성리학의 토착화에 기여했고, 조선 중기 사회 주도층으로 성장하고 있던 사림 세력에게 활동 근거를 마련해 주었다고 평가받고 있지요. 원고와 증인은 열여덟 살

정도 차이가 나는 것으로 알고 있는데요, 증인은 원고를 어떻게 평가하십니까?

이황　　내게 선배이기도 한 조광조 선생은 조선이라는 나라에서 그야말로 보석과 같은 존재라 할 수 있소. 아, 물론 내가 선배들을 평가한다는 게 쉬운 일은 아니오만, 뒷날 율곡 이이 선생이 다소 급진적이라고 평가한 부분은 나도 수긍하고 있소. 그러나 성리학을 배움에서 그치지 않고 이를 실현하려고 했던 조광조 선생의 의지는 대단하다고 생각해요. 나는 조광조 선생을 정말 용기 있는 학자이자 정치가라고 평가하오.

박구자 변호사　　증인은 다가올 사림의 시대를 철저하게 준비한 인물이라는 역사적 평가가 지배적입니다. 이 점에 대해서는 어떻게 생각하십니까?

이황　　물론 나는 조광조 선생처럼 조정으로 나아가서 온몸으로 맞서 싸우며 변화를 주도하지 못했소. 정확하게 말하자면 그렇게 안 했지요. 나는, 조광조 선생 같은 사람이 있다면 나처럼 사림의 시대가 올 것을 준비하는 사람도 반드시 있어야 한다고 생각했소. 다가올 시대를 주도할 사림을 육성해야 한다고 말이오.

박구자 변호사　　사림을 육성하기 위해 어떤 일을 하셨나요?

이황　　서원을 건립했소. 잘 아시다시피 우리나라의 서원은 1543년(중종 38) 경상도 풍기에 주세붕 선생이 주도해서 세운 백운동 서원에서부터 시작되었소. 백운동 서원은 주로 안향 선생을 제사하는 데 중

최초의 사액 서원으로, 현재 사적 제55호로 지정된 소수 서원(경상북도 영주)

점을 두었지요. 사림들은 이 서원에서 과거 시험을 위한 공부를 했소. 그런데 이는 잘못된 것이라 할 수 있소. 서원이라면 사림들이 모여 공부하고 수양하는 장소가 되어야 하기 때문이오.

그래서 내가 풍기 군수로 가 있을 때 조정에 편액과 책과 토지를 백운동 서원에 내려 달라고 청하였소. 조정에서 이를 받아들여 '소수 서원'이란 편액과 토지에 대한 면세의 특권을 내려 주었소. 최초의 사액 서원이 된 거지요.

박구자 변호사　　본래 서원이라는 것이 중앙의 조정과는 아무 관련 없이 지방 사림들이 주도하여 설립한 기관이군요.

이황　　그렇소. ▶이렇게 서원을 통해 사림들을 육성하였

사액
왕이 사당, 서원의 이름을 지어서 종이에 글씨를 쓰거나 그림을 그리면 그것을 액자로 만들어 내리던 일을 말합니다.

교과서에는

▶ 서원에서는 이름난 선비나 공신을 숭배하고 그 덕행을 추모했으며, 유생들이 한자리에 모여서 학문을 닦고 연구를 함으로써 향촌 사회의 교화에 공헌하였습니다.

소. 그것이 나의 할 일이라고 생각했기 때문이오.

판사　이제 피고 측 변호인이 신문하세요.

이대로 변호사　증인의 말씀대로라면 주세붕 선생이 서원을 세운 목적이 잘못되었다는 이야기가 되는데요. 맞습니까, 증인?

이황　꼭 잘못되었다기보다는 서원은 과거 시험을 위한 장소가 되어서는 곤란하다고 말한 것뿐이오.

이대로 변호사　애매한 답변이군요. 존경하는 판사님, 아마도 이 부분은 서원 설립을 주도했던 주세붕 선생을 모셔서 이야기를 들어 보면 좋을 것 같습니다.

판사　그렇게 하지요. 증인은 앞으로 나와 선서하세요.

주세붕이 걸어 나와 정중하게 증인 선서를 했다.

이대로 변호사　어서 오십시오. 우선 본인 소개를 부탁합니다.

주세붕　나는 백운동 서원을 설립한 주세붕이오. 오늘 서원 문제와 관련해서 증인으로 참석하였소이다.

이대로 변호사　좋습니다. 증인이 세운 백운동 서원이 조선 최초의 서원이라는 게 사실인가요?

주세붕　그렇소.

이대로 변호사　서원을 설립한 이유가 뭐죠?

주세붕　내가 풍기에 서원을 설립한 목적은 그 지역의 뛰어난 유학자인 안향 선생을 모시고 추모하기 위해서였소.

이대로 변호사　　그렇다면 처음부터 과거 공부를 위해 설치한 것은 아니라는 건가요?

주세붕　　그렇소. 나는 과거 공부를 위해 서원을 설립한 게 아니에요.

이대로 변호사　　그런데 왜 원고 측 증인인 이황 선생은 과거 공부를 위한 장소였다고 말하는 것입니까?

주세붕　　안향 선생을 추모하기 위한 사당을 설립한 뒤 건물 몇 칸을 더 짓게 되었는데, 당시 조정에 인재가 필요하고 또 지방 인재를 육성할 필요도 있어서 유생들을 서원에 불러 놓고 과거 준비를 하도록 했기 때문인 것 같소. 난 그것이 잘못되었다고 생각하지 않아요. 당시 여러 교육 기관이 있었으나 교육이 잘 이루어지지 않았어요. 그래서 나는 서원에서 유생들을 제대로 공부시켜 나라의 인재로 키우려고 했지요.

이대로 변호사　　그랬군요.

박구자 변호사　　제가 한 말씀 드리겠습니다. 사실 서원이 뛰어난 유학자를 추모하기 위한 사당으로만 있어서는 안 된다고 봅니다. 서원은 사림들이 모여서 많이 생각하고 스스로 수양하기 위한 장소라고 알고 있습니다만, 이에 대해 증인은 어떻게 생각하십니까?

주세붕　　박 변호사 말씀도 일리는 있습니다만, 서원의 중요한 역할은 조상을 잘 모시고 그를 모범 삼아 행실을 바로잡으며, 나아가 국가에 필요한 인재로 육성하는 것이라고 난 생각하오.

박구자 변호사　　판사님, 서원에 대한 피고 측 증인의 입장은 저희가 증인으로 모신 이황 선생과 크게 차이가 있는 것 같습니다. 아마도 이 점은 증인이 기본적으로 훈구 세력과 가깝기 때문이 아닌가 생각됩니다.

판사　원고 측 변호인의 말처럼 두 증인이 처한 입장이 다르다 보니 서원에 대한 생각에도 차이가 있는 것 같습니다. 증인은 돌아가셔도 좋습니다. 피고 측 변호인은 신문을 계속해 주세요.

이대로 변호사　증인께 묻겠습니다. 좀 전에 증인은 서원 건립과 관련해서 왕에게 사액을 요청했다고 말씀하셨는데요. 서원은 조정과 상관없이 지방에 있는 사람들이 주도하여 설립한 기관이라면서 왜 사액을 요청했나요?

이황　내가 굳이 사액을 요청한 건 지방 사림들이 사적으로 만든 서원이라는 기관을 공인화하기 위해서였소. 마치 성균관이나 향교처럼 국가 교육 기관으로 성장시키고자 했기 때문이지요.

이대로 변호사　그렇다면 증인의 말은 서원의 운영에 조정이 관여해도 좋다는 말인가요?

이황　허허. 그것은 절대 아니오. 서원은 조정이나 관의 개입 없이 사림들이 주도적으로 운영하길 원했소. 난 서원에서 사림들이 과거 공부보다는 수양을 위한 공부를 하기를 바랐지요. 그러니까 주세붕 선생이 세운 백운동 서원의 성격과 내가 생각한 서원은 완전히 다르다고 할 수 있어요. 난 이런 생각을 바탕으로 경상도 일대 약 10여 개 서원의 건립에 직간접적으로 관여하였다오.

이대로 변호사　결국 증인은 사림들이 화를 당한 것은 충분히 성숙되지 않았기 때문이니 서원에서 학문적으로 성숙시키고, 동시에 서원을 통해 많은 사람들을 육성하려고 하셨던 것이군요. 증인은 원고를 그렇게 존경하셨으면서 왜 원고처럼 행동하지 않았나요?

이황   아까도 말씀드렸듯이 난 조광조 선생처럼 조정으로 가서 훈구 세력과 맞서기보다는 사림의 시대가 올 것을 대비해 사림을 육성해야 한다고 생각했기 때문이오. 물론 나보다는 조광조 선생의 행동이 더 가치 있다고 생각하오. 원고의 개혁이 성공했더라면 조선은 아마 다른 모습이 되었을 테죠. 어차피 역사에서 가정은 있을 수 없는 일. 결국 기묘사화로 조광조 선생을 비롯해 많은 사림들이 화를 당하였고 그 뒤 또 을사사화까지 일어나니 나를 비롯한 사림들은 의기소침할 수밖에 없었소. 물론 이언적 같은 분이 조정에 계셨습니다만 역시 사림 세력은 크게 힘을 얻지 못했소. 그래서 나는 이렇게 생각했지요. '어차피 앞으로의 시대는 우리 사림들이 주도할 것이다. 그렇다면 어떻게 해야 할까? 조광조 선생처럼 정치 일선에 나아가서 몸이 부서지도록 우리들이 배운 것을 실천해야 할까?'

이대로 변호사   결론이 뭡니까?

이황   허허, 급하기는……. 결론적으로 정치 일선에 나아가서 정치를 주도하는 것도 좋지만 그보다는 앞으로 다가올 사림의 시대를 준비하는 것이 좋겠다는 것이었소. 다가올 시대를 주도할 사림을 육성하는 것이 중요하다고 판단했지요.

이대로 변호사   다가올 시대를 주도할 사림을 육성하신다고요? 도대체 어떻게 사림을 육성한다는 것인지요?

이황   ▶내가 주로 활동한 시기에 조정에서는 외척이 정치를 주도하고 있었소. 그러니 정치를 하러 조정에 나가 봤자 화를 당할 것은 불 보듯 뻔한 일이었지요. 그래서 나는 차분히 후일을 대비하는 것이 더 좋다고 생각했소.

이대로 변호사　원고처럼 귀양 가서 사약을 받을까 봐 두려웠던 거 아닙니까?

이황　허허. 나는 내 식대로 후일을 대비했고, 이렇게 준비하다 보니 점차 나를 비롯한 사림이 주도하는 시대가 오게 된 거라고 생각하오. 다들 알다시피 16세기 후반 조선은 사림의 시대를 맞이하게 되오.

이대로 변호사　사림의 시대라고요?

이황　그렇소. 사림의 시대란 사림이 정치와 사회, 나아가 문화와 사상 등을 주도하던 시대를 말하오. 사림이 정치를 주도하면서 지방 사회에서 이들이 주도하는 향약 등이 널리 퍼졌소. 그리고 율곡 이이와 같은 학자들이 나오게 되면서 조선의 사상사는 커다란 전환기를 맞이하게 되었소.

이대로 변호사　원고와 증인의 발언은 무슨 관련이 있습니까?

이황　사림이 정치, 문화, 사상 사회 면에서 주도적 역할을 하게 된 건 결국 앞서 활동했던 원고를 비롯한 사림 세력의 공(功)이자, 나 같은 사람이 이 시대를 대비해 사림들을 육성했기 때문에 가능했던 일 아니겠소? 이런 과정을 겪으면서 사회 곳곳에서 사림들이 육성되었고, 그 결과 명

교과서에는

▶ 명종 때는 윤원형을 비롯한 왕실 외척인 척신들이 정국을 주도하였고 사림의 세력은 크게 꺾였습니다. 하지만 이를 계기로 사림 세력은 서원과 향약을 통해 향촌 사회에서 세력을 확대해 나갔습니다.

종 대 후반에 이르러 사림들의 정치 진출이 많아졌소. 그리고 선조 대에 들어서면서 사림이 주도하는 사림 정치의 시대가 열리게 되었지요. 이렇게 되자 앞서 사림의 이상을 실천하려고 했던 원고가 복권은 물론이고 문묘에 배향되었으며 동시에 억울함도 풀리게 되었소. 선배들을 정당하게 평가해야만 후대의 사림들도 정치에 참여할 명분이 서게 되지 않겠소?

이대로 변호사   그렇군요. 뭐든 좋게 보면 다 좋아 보이죠. 존경하는 판사님, 저는 모든 것을 긍정적으로 보지만 때론 날카로운 비판으로 평가해야 하는 때도 있습니다. 오늘이 바로 그날입니다.

저 역시 원고의 개혁 정책을 높이 평가합니다. 하지만 원고와 같이 급진적이고 무리하게 추진되는 개혁을 계속 방치했더라면 조선은 어떻게 되었을까요. 조선이라는 나라는 선왕들이 이루어 놓은 업적을 통해서 정치를 추진하는 것이 정치적 안정을 이루는 데 중요했다고 생각합니다. 무조건 개혁만이 능사는 아니지 않을까요. 존경하는 판사님과 배심원 여러분의 현명한 판결을 기다리겠습니다. 이상입니다.

판사   원고 측 변호인, 말씀하시지요.

박구자 변호사   지금까지 원고와 증인의 발언을 통해서 이후 사림의 시대를 준비하는 이들의 대응 자세를 보았습니다. 그리고 결국 역사는 원고를 비롯한 사림 세력이 주도한 방향으로 나아가고 있었다는 것을 알 수 있었습니다. 그런데도 피고는 역사의 방향을 제대로 읽지 못하고 한때의 권력욕에 휩싸여 원고를 비롯한 많은 희생자를 만들어 냈습니다. 물론 희생 없이 역사가 바른 방향으로 갈 수 있었겠는가라고 질문하신다면 대답하기 어렵습니다만, 원고를 비롯한 사림 세력이 추진했던 개혁대로 나아갔더라면 조선의 역사는 또 다른 방향으로 전개될 수 있었을 것이라는 아쉬움이 여전히 남습니다. 존경하는 판사님과 배심원 여러분, 아무쪼록 현명한 판결을 부탁드리겠습니다.

판사 　양측의 발언 잘 들었습니다. 잠시 후 원고 조광조와 피고 남곤의 최후 진술을 듣고 나서 재판을 모두 마치도록 하겠습니다.

왜 조광조는 훈구 세력을 몰아내려 했을까?

다알지 기자

숨가쁘게 달려온 조광조 대 남곤의 재판 마
지막 날입니다. 오늘은 적극적인 개혁을 펼쳤으
나 기묘사화로 꿈을 꺾어야 했던 원고 조광조의 죽음
과 사림 세력의 몰락, 기묘사화가 조선에 미친 영향에 대해 들어 보았
습니다. 그럼 최후 진술을 듣기 전에 양측 변호사를 모시고 마지막 소
감을 들어 보도록 하겠습니다.

박구자 변호사

　　피고 측은 원고 조광조에 대해 조선의 안정을 어지럽힌 장본인이라고 매도했습니다. 그런데 증언을 통해 보았듯이 원고 조광조가 대사헌이 되었을 때 백성들은 그의 공명한 처사에 크게 감동하였다고 하지요. 원고는 성리학적 이상 세계를 조선에 펼치려 했습니다. 또한 현량과를 시행하여 똑똑한 인재들을 등용하려 했고, 향약을 시행해 도덕이 우선하는 사회를 이루려고 했지요. 이는 실제로 백성과 조선에 긍정적인 영향을 끼쳤습니다. 특히 위훈 삭제 운동을 펼친 것은 당시 공신들의 횡포가 거세지던 상황에서 조선을 바로 세우기 위한 방편이었습니다. 그런데 훈구 세력은 '주초위왕설'을 조작하여 원고 조광조를 비롯한 사림 세력을 죽음으로 몰아넣었고, 원고가 실시한 개혁 정책은 모두 물거품으로 돌아가고 말았습니다. 참으로 통탄할 일이지요.

이대로 변호사

　조광조가 실시한 정책은 여러 가지로 문제가 있었습니다. 그중 현량과를 통해 관리를 천거한 것은 자신의 세력을 넓히기 위한 눈속임일 뿐이었습니다. 게다가 위훈 삭제 운동을 펼쳤는데요. 아니, 중종을 왕위에 오르게 한 공훈을 시대가 지났다고 '잘못된 공훈'이라 말하며 빼앗는 경우가 어디 있습니까! 조광조는 여러 공신이 이룩한 조선의 질서를 위협했던 자로서, 피고 남곤과 심정, 홍경주 등의 행동은 당연한 것입니다.

나는 성리학적 이상 사회를
펼치고 싶었습니다
VS
불안정한 개혁 정책은
조선에 필요 없었지요

판사　마지막으로 원고와 피고의 최후 진술을 듣도록 하겠습니다. 본 재판의 판결에 큰 영향을 미치게 될 발언이니 원고와 피고는 신중하게 말씀해 주시기 바랍니다. 원고부터 말씀해 주세요.

조광조　재판이 진행되는 동안 나와 나의 변호인은 내가 억울한 누명을 썼음을 입증하려고 노력했습니다. 먼저 나를 위해 수고해 준 변호인과 증인으로 나와 주신 모든 분들께 깊이 감사드립니다.

　나는 조선 건국 후 새로운 변화를 맞이하는 시기에 태어났습니다. 그동안 정치에서 소외당했던 사림들이 서서히 중앙 정치에 참여하던 시기였지요. 그러나 권력을 유지하려던 왕 혹은 훈구 세력에 의해 사림들이 화를 당하는 사화가 여러 차례 발생하였고, 그 결과 사림의 대부분은 유배 생활을 하게 됐습니다. 그때 나는 함경도 지역에서 유배 생활을 하고 있던 김굉필 선생을 만나 성리학을 배웠고, 생활 속에서 이를 실천하는 것이 매우 중요함을 깨달았습니다.

그러던 중 중종반정이 일어났고 중종 임금께서 왕위에 오르셨습니다. 초기에 반정 공신들로부터 심하게 견제당하던 중종 임금께선 이를 극복하기 위해 사림들을 주목하셨지요. 결국 중종 임금의 부름을 받고 나는 조정에 나아가 정치, 사회 분야에서 개혁을 추진하였습니다. 이것은 남곤, 심정, 홍경주 등의 주장처럼 나 자신이나 사림 세력을 위한 것이 맹세코 아니었습니다. 왕위를 넘보려고 했던 것은 더더욱 아니고요.

이 모든 것은 조선을 성리학적 이상 사회로 만들려는 마음에서 비롯된 것이었습니다. 그런데도 훈구 세력은 자신들의 권력을 유지하기 위해 나와 나의 동료들을 모함하고 죽였습니다. 물론 나는 사망 후 얼마 지나지 않아 관직이 복권되었고 문묘에 배향되기도 했지만…… 여전히 억울한 것이 있습니다. 나는 나를 무고했던 피고가 내게 진심으로 사죄하기를 바랍니다.

존경하는 판사님, 그리고 배심원단 여러분! 우리 사림이 성리학적 이상 사회를 실현하려다 보니 다소 무모하고 급진적인 개혁을 추진했던 것은 인정합니다. 그러나 우리 사림들의 입장에서는 급하게라도 추진하지 않으면 그럴 기회가 없다고 판단하였습니다. 더구나 중간에서 포기한다면 결국은 아무런 성과도 없을 것이라고 생각했습니다. 역사의 흐름이 그랬듯이 다가오는 '사림의 시대'를 준비하기 위한 것이었다고 봐 주십시오. 아무쪼록 나의 충정을 이해하시고 공정한 판정을 해 주시길 기대하겠습니다.

남곤　　원고가 억울하다고 하는데 내가 더 억울한 감이 없지 않습니다. 나 역시 사림들이 떠받드는 김종직 선생에게서 학문을 배웠고, 또 사림이 주장하는 각종 개혁 정책에 일정 부분 동의하기도 하였습니다. 그러나 저들이 하는 행동이나 개혁들을 보니 이것은 정말 아니다라는 생각이 들었습니다. 사림들은 여러 선왕과 선배들이 펼쳤던 정책이 잘못되었다는 입장에서 이를 폐기하려고만 했기 때문입니다.

그러나 나라가 안정적으로 운영되기 위해서는 개혁도 좋지만 선왕들이 만들어 놓은 제도나 법을 지키는 것도 중요합니다. 더구나 개혁을 할 때는 좀 더 신중하게, 그리고 서서히 접근했어야 했는데 이들은 일시에 이를 달성하려고 했지요. 특히 위훈 삭제 문제는 매우 미묘하여 자칫 100여 명의 정국 공신들의 반발을 살 수도 있었습니다. 실제로 사림의 위훈 삭제 운동 과정에서 조광조 등이 권력을 잡으려고 한다는 소문까지 퍼졌으니까요. 위훈 삭제는 많은 공신들에게 위협이 되었다는 것입니다. 그때 나를 비롯한 훈구 세력이 이를 차단했기에 더 큰 희생을 줄일 수 있었습니다.

그리고 한 가지 더 말씀드릴 것은, 기묘사화로 사림들이 화를 당하게 된 데에는 왕의 입장도 반영되었다는 게 제 판단입니다. 일찌기 중종 임금께서는 유신 정치를 위해 원고를 비롯한 사림들을 등용하여 개혁 정책을 추진하도록 하였습니다. 그런데 사림들이 개혁 정책을 추진하는 과정에서 중종 임금께서 차츰 염증을 느끼셨던 것 같

　왜 조광조는 훈구 세력을 몰아내려 했을까?

습니다. 즉 기묘사화가 발생한 과정에서 중종 임금의 입김도 배제할 수 없다는 것입니다. 기묘사화 당시 중종 임금께서 직접 총지휘했던 것을 보면 알 수 있지요. 물론 이건 좀 더 논증이 필요한 부분이기는 합니다. 오늘 이 자리에 중종 임금께서 나오셨다면 직접 물어볼 수 있었을 텐데 아쉬움이 큽니다. 아무쪼록 조선과 백성의 안정을 중요하게 여겼던 훈구 세력의 노심초사를 이해해 주시고 현명한 판결 부탁드립니다.

판사　지금까지 세 차례에 걸쳐 원고 측과 피고 측, 그리고 증인들의 진술을 들어 보았습니다. 이번 재판에 함께해 주신 배심원의 평결서는 4주 후에 저에게 전달될 것입니다. 배심원의 평결 결과는 공개되지 않으며, 법관의 판결은 배심원의 의견에 구속되지 않습니다. 나는 단지 배심원의 평결서를 참고하여 판결을 내리겠습니다. 여러분도 이 사건에 대해 각자 판결을 내려 보시기 바랍니다.

　땅, 땅, 땅!

역사공화국 한국사법정 재판 번호 30 조광조 vs 남곤

주문

역사공화국 한국사법정은 원고 조광조가 피고 남곤을 상대로 벌인 무고에 대한 책임을 묻는 재판에서 원고 승소 판결한다.

판결 이유

본 법정은 이번 재판을 통해 원고 조광조가 당대 사림의 대표적인 인물로서 중종의 부름을 받고 조정에 나아가 활동하면서 당시 조선 사회를 성리학적 이상 사회로 만들려고 노력했음을 확인하였다. 그러나 개혁 추진 과정에서 시도한 이른바 위훈 삭제 운동이 훈구 세력의 반발을 받아 결국 기묘사화가 발생했고 이로 인해 많은 사림들이 죽음을 맞이했음을 알 수 있었다. 이와 달리 피고가 훈구 세력을 대변하는 입장에서 조광조를 중심으로 한 사림 세력이 지나치게 급진적으로 개혁을 추진한 것에 반대하고 이전에 만들어진 제도를 존중하는 모습을 보여 준 것은 부분적으로 타당하다고 할 수 있다. 하지만 여러 가지 정치적, 사회적 문제를 만들어 낸 공신 세력의 입장에서 원고가 중종을 폐위시키고 왕이 되려고 했다고 모함하고 위훈 삭제 운동을 계기로 기묘사화를 일으킨 것은 역사의 큰 물줄기 위에서 볼 때 비판받을 만하다.

피고의 행동으로 인하여 한동안 사림 세력의 활동이 크게 위축되었고 각종 개혁 정책이 후퇴하였다고 판단된다.

원고인 조광조는 지나치게 급진적으로 개혁을 서두르고 위훈 삭제 운동을 펼쳐서 공신 세력들로 하여금 신변 위협을 느끼도록 하는 등 공인으로서 신중치 못했던 점을 반성할 필요가 있다. 그러나 본 법정은 시대의 요구에 부응하고 헌신적인 활동을 벌여 성리학적 이상 사회를 만들어 내려 했던 조광조를 왕을 몰아내려 했다고 모함하는 등 부도덕한 방식으로 조정에서 쫓아내고 죽음에 이르게 한 피고 남곤과 몇몇 공신들을 엄중하게 단죄할 것이다. 한편, 다시는 역사의 오류를 되풀이하지 않도록 조광조 및 사림 세력에 대한 정당한 평가와 함께 이들과는 다른 쪽에서 활동하였던 훈구 세력에 대한 재평가 역시 역사학자들에게 주문하고자 한다.

역사공화국 한국사법정 담당 판사 공정한

"조광조를 비롯한 사림 세력이
역사적으로 정당하게 평가되어 다행입니다"

여기는 역사공화국에 있는 박구자 변호사의 사무실. 다른 날과 달리 와자지껄한 사람들 목소리가 들린다. 무슨 일 때문에 이렇게 소란스러울까? 옳거니, 오늘 박구자 변호사 사무실에서 조촐한 파티가 열린다고 한다. 그럼 우리 모두 박구자 변호사 사무실로 들어가 볼까!

박구자 변호사가 환하게 웃으며 말문을 열었다.

"오늘 모임에 참석해 주셔서 감사합니다. 이렇게 여러분들을 모신 이유는 며칠 전에 끝난 재판에 대한 이야기도 하고 미진했던 점이 있으면 좀 더 의견을 나누자고 조광조 선생께서 제안하셨기 때문이에요. 아주 멋진 생각이죠? 자, 그렇다면 우리의 멋진 개혁자 조광조 선생님께서 한 말씀 하시지요."

"하하. 그럼 내가 한 말씀 드리지요. 먼저 이번 재판을 위해서 고

생해 주신 우리 박구자 변호사님과 또 저를 위해서 먼 길을 와 주신 증인들께 다시 한 번 감사드립니다. 특히 스승이신 김굉필 선생님께 뭐라고 고마움을 표해야 할지 모르겠습니다. 사실 이번 재판은 내게 아주 특별한 경험이었습니다. 여러 사람을 만나게 된 것도 그렇고요, 나를 비롯한 사람들의 입장에 대해서 명확하게 전달할 수 있어서 더없이 기뻤습니다. 또 후배이지만 뛰어난 학문으로 조선 성리학에 커다란 족적을 남긴 퇴계 이황 선생을 만나게 되어 더없이 반갑고 행복합니다. 생전에 못한 얘기를 오늘 실컷 나눌 수 있게 되어 참 즐겁습니다."

"나 역시 항상 존경했던 선배를 만나게 되어 얼마나 기쁜지요. 허허허."

이황이 허허 웃으며 화답했다. 모두 다과를 들면서 그동안 서로 수고가 많았다는 인사를 나누고 있을 때 피고 측 변호인이었던 이대로 변호사가 한마디 했다.

"음. 안녕하십니까? 저는 이대로 변호사입니다. 사실 제가 여기 왔다는 사실을 우리 피고가 알면, 끝장입니다! 다들 입단속해 주세요. 그리고 제가 하고 싶은 말은 이겁니다. 다들 정말 고생 많으셨습니다. 그리고 제가 이번 재판 과정에서 좀 의문이 들었던 부분이 있습니다. 바로 사림 세력과 훈구 세력이라는 구분이 칼로 무 자르듯이 나누어지겠느냐 하는 점이었습니다. 사실 따지고 보면 제 의뢰인도 사림에 뿌리를 두고 있다고 할 수 있지 않겠습니까? 원고와 같이 김종직 선생에게서 학문을 배웠으니까요."

원고 조광조, 피고 남곤 모두 수고하셨습니다.

－ 역사공화국 배심원 일동 －

이때 김굉필이 나서면서 말했다.

"나와 정여창, 김일손 등도 모두 김종직 선생의 제자였다오."

"이렇게 본다면 제 의뢰인이나 조광조 선생이나 모두 그 뿌리가 같다고 할 수 있지 않겠습니까? 그런데도 누구는 사림이고 누구는 훈구로 분류되고 있으니 그 기준이 애매모호하다는 것입니다."

조광조가 이에 대해 말하였다.

"참 어려운 이야기입니다. 그런데 제가 활동하던 시기에 사림들 가운데 상당수가 조선 건국 초의 공신 세력 또는 훈구 세력에 뿌리를 두고 있었습니다. 나 역시 따지고 보면 조선 개국 공신의 후손 아닙니까? 이렇게 보면 사림과 훈구의 기준은 더없이 모호해진다고 하겠습니다. 그것을 이렇게 구분해 보면 어떨까요?"

이대로 변호사가 진지하게 물었다.

"어떻게 말입니까?"

"아마도 행동 양식이나 입장을 통해서 나누어 볼 수 있지 않을까요. 저와 같은 시기에 활동했던 우리 사림 세력은 대개 『소학』을 공부했고 또 『소학』을 몸소 실천하려고 했던 사람들입니다. 항상 마음속으로 옛날의 요순시대를 되새기며 이를 현실 속에서 구현하려고 했지요. 또 향약의 시행에서 보듯이 일정하게 지방 자치를 추구하는 쪽이었습니다. 이에 비해 훈구 세력은 선왕 대에 만들어진 법과 제도에 따라 국가를 운영하려고 했던 이들로 지방 자치보다는 중앙 집권을 고수했던 세력이 아닐까 합니다. 따라서 양자가 추구했던 행동 양식이나 국가 운영에 대한 입장을 정리해 보면 구별될 수 있을 것 같습니다. 물론 이것도 시대 상황에 따라 바뀔 수 있겠지요."

조광조가 말을 마치자 곳곳에서 "맞소", "옳소" 하는 소리가 나왔다. 이에 우리의 박구자 변호사가 고개를 꼿꼿이 세우고 말하기 시작했다.

"글쎄요. 이대로 변호사와 조광조 선생의 말씀을 들어도 사실 쉽지 않은 것 같군요. 그러나 어쨌든 역사는 사람이 추구한 방향으로 흘러가고 있음을 부정할 수 없을 것 같습니다. 그런 상황에서 훈구 세력도 점차 사림적인 성향으로 변할 가능성은 충분하였던 것 같습니다. 그런 점에서 이대로 변호사가 제기한 문제도 좀 더 깊이 다루어져야 할 것 같습니다."

조광조는 뿌듯한 표정으로 박수를 쳤다.

"역시 박구자 변호사! 훌륭하오."

"호호호, 이제 아셨습니까? 자, 이제 맛있는 음식을 먹도록 합시다. 참석해 주신 여러분들께 다시 한 번 감사드리고요, 뜻깊은 시간 보내시기 바랍니다."

왜 조광조는 훈구 세력을 몰아내려 했을까?

조광조를 추모하기 위해 지어진
심곡 서원

경기도 용인에는 1650년에 지어진 서원이 있습니다. 바로 '심곡 서원'이에요. 이 서원은 중종 때 급진적인 개혁 정치를 펴다 훈구파가 일으킨 기묘사화로 꺾인 조광조의 학덕과 충절을 추모하기 위해 세워졌지요.

붉은색을 칠한 나무 문인 홍살문을 지나 심곡 서원 안으로 들어서면 계단 위에 있는 '외삼문' 앞에서 서원을 안내하는 안내도를 볼 수 있습니다. 외삼문을 들어서면 정면으로 '일소당'을 볼 수 있고, 오른쪽에는 '동재', 왼쪽에는 '서재'가 있지요. 동재와 서재는 재실에 해당합니다. 본채에 해당하는 일소당을 지나면 책을 보관하는 '장서각'을 지나 '내삼문'에 오르게 됩니다. 이 내삼문 뒤가 바로 '사당'이지요. 이렇게 건물은 사당과 일소당, 재실, 장서각, 내삼문, 외삼문 등으로 구성되어 있습니다. 사당은 조광조의 위패를 모신 곳이고, 일소당은 강당으로 여러 행사나 강론

심곡 서원 외삼문

의 장소로 활용되었습니다. 일소당은 조광조가 유배지에서 사약을 받으며 남긴 절명시에서 딴 이름이기도 합니다.

昭昭照丹衷(소소조단충)
밝게 밝게 비추어 나의 속마음을 알아주소서

─조광조의 절명시 중

또한 재실은 서원의 원생들이 머물며 공부를 하는 곳이지요. 서원 내에는 서원 건립 당시 지었다는 500년 된 느티나무도 있습니다.

흥선 대원군의 서원 철폐 당시 없어지지 않고 남은 47개 서원 중 하나로 경기도 유형문화재 제7호로 지정되어 보호받고 있어요. 조광조의 묘소는 심곡 서원 맞은편 좌측 야산에 있지요.

찾아가기 경기도 용인시 수지구 상현동 203-2

심곡 서원 일소당

심곡 서원 사당

『역사공화국 한국사법정 30 왜 조광조는 훈구 세력을 몰아내려 했을까?』와 관련한 논술 문제를 풀어 봅시다.

※ 다음 제시문을 읽고 물음에 답하시오.

(가) 궁중에는 도교의 제천 행사를 지내는 소격서가 있었습니다. 조광조는 소격서를 없앨 것을 주장하였지요.

(나) 지방의 특산물을 나라에 바치는 것을 공납이라고 하는데 운송의 어려움 등으로 각 관청에서 대신 납부를 하는 방납이 일반화되어 있었습니다. 그런데 이 과정에서 아전들이 부정부패를 저질렀고 중간 상인의 농간이 심했지요. 조광조는 방납의 폐단을 지적하였습니다.

(다) 조광조는 유학의 이상 정치를 구현하기 위해 왕의 마음을 바로 잡는 것이 중요하다고 생각했습니다. 그래서 왕과 신하들이 토론하는 경연을 강화하고 언론을 활성화하였지요.

조광조

(라) 조광조는 사림 세력을 키워 개혁을 하기 위해 인재 등용 방법을 '현량과'로 바꿉니다. 실력 있는 사람들을 간

단한 시험만으로 선발할 수 있도록 한 것이지요.

1. (가)~(라)는 조광조의 개혁 정치에 관련된 여러 항목들입니다. (가)~(라) 중 가장 바람직했던 개혁이 무엇이라고 생각하는지 그 이유와 함께 쓰시오.

※ 다음 제시문을 읽고 물음에 답하시오.

진영 "조광조의 생애를 보면 '물이 너무 깨끗하면 물고기가 살지 않는다'는 속담이 생각나. 다른 사람들에게도 너무 엄격했기 때문에 결국에는 미움을 받았던 것이 아닐까?"

윤호 "음, 난 조광조와 중종을 보면 한 자리에 누워 다른 꿈을 꾼다는 '동상이몽'이라는 사자성어가 생각나는데. 나라를 개혁해야겠다는 똑같은 것을 생각했지만 결국에는 서로 다른 꿈을 꾼 것이 아닐까? 그래서 조광조는 쓸쓸히 죽어야 했던 거야."

민서 "그렇기도 하지. 하지만 난 조광조를 만나면 일단 '천 리 길도 한 걸음부터'라는 속담을 말해 주고 싶어. 개혁을 하고자 했던 마음은 알지만 그렇다고 너무 성급했던 거 같아. 그러니까 결국 그렇게 되었던 거지."

2. 윗글은 조광조의 생애에 대해 알게 된 세 학생들의 대화입니다. 자신의 생각과 가장 비슷한 인물은 누구인지 이름과 함께 그 이유를 쓰시오.

왜 조광조는 훈구 세력을 몰아내려 했을까?

해답 1 (가)는 도교 행사 기관인 소격서 폐지에 대한 내용이고, (나)는 방납의 폐단을 시정하고자 한 내용입니다. 그리고 (다)는 경연과 언론 활동의 활성화에 대한 내용이고, (라)는 현량과를 실시할 것을 주장한 내용이지요. 이 중에서 가장 바람직했던 개혁은 (나)의 방납 폐단을 지적하고 고치고자 했던 것이라 생각합니다. 방납은 세금 제도 중 하나로 원래는 백성들을 더 편하게 하고자 생긴 제도인데 이것이 오히려 백성을 갈취하는 용도로 사용되었지요. 따라서 이를 바로잡는 것은 백성을 위한 것이라 생각하며 그 때문에 가장 바람직했던 개혁이라 생각합니다.

해답 2 나는 민서의 생각과 가장 비슷합니다. '공든 탑이 무너지랴' 라는 속담처럼 하나의 탑이나 좋은 결과를 얻기 위해서는 공을 들여서 차근차근 쌓아 나가야 하는 것입니다. 그런 의미에서 조광조는 뜻은 좋고 의지도 있었지만 너무 성급하지 않았나 하는 생각을 합니다. '천 리 길도 한 걸음부터'라는 속담을 생각했다면 좀 더 차근차근 개혁을 이뤄 나갈 수 있었으리라 생각합니다.

* 해답은 예시로 제시된 내용입니다.

왜 조광조는 훈구 세력을 몰아내려 했을까?

역사공화국 한국사법정 30

왜 조광조는 훈구 세력을 몰아내려 했을까?

© 이근호, 2011

초 판 1쇄 발행일 2011년 4월 11일
개정판 1쇄 발행일 2014년 9월 30일
      5쇄 발행일 2021년 7월 6일

지은이   이근호
그린이   박준우
펴낸이   정은영

펴낸곳   (주)자음과모음
출판등록   2001년 11월 28일 제2001-000259호
주소   04047 서울시 마포구 양화로6길 49
전화   편집부 (02) 324-2347 경영지원부 (02) 325-6047
팩스   편집부 (02) 324-2348 경영지원부 (02) 2648-1311
이메일   jamoteen@jamobook.com

ISBN 978-89-544-2330-4 (44910)

개정판 + 신판

과학자가 들려주는 과학 이야기 (전 130권)

정완상 외 지음 | (주)자음과모음 | 이메일 soseries@jamobook.com

위대한 과학자들이 한국에 착륙했다!
어려운 이론이 쏙쏙 이해되는 신기한 과학수업,
〈과학자가 들려주는 과학 이야기〉 개정판과 신간 출시!

〈과학자가 들려주는 과학 이야기〉 시리즈는 어렵게만 느껴졌던 위대한 과학 이론을 최고의 과학자를 통해 쉽게 배울 수 있도록 했다. 또한 지적 호기심을 자극하는 흥미로운 실험과 이를 설명하는 이론들을 초등학교, 중학교 학생들의 눈높이에 맞춰 알기 쉽게 설명한 과학 이야기책이다.

특히 추가로 구성한 101~130권에는 청소년들이 좋아하는 동물 행동, 공룡, 식물, 인체 이야기와 최신 이론인 나노 기술, 뇌 과학 이야기 등을 넣어 교육 과정에서 배우고 있는 과학 분야뿐 아니라 최근의 과학 이론에 이르기까지 두루 배울 수 있도록 구성되어 있다.

★ 개정신판 이런 점이 달라졌다! ★

첫째, 기존의 책을 다시 한 번 재정리하여 독자들이 더 쉽게 이해할 수 있게 만들었다.

둘째, 각 수업마다 '만화로 본문 보기'를 두어 각 수업에서 배운 내용을 한 번 더 쉽게 정리하였다.

셋째, 꼭 알아야 할 어려운 용어는 '과학자의 비밀노트'에서 보충 설명하여 독자들의 이해를 도왔다.

넷째, '과학자 소개 · 과학 연대표 · 체크, 핵심과학 · 이슈, 현대 과학 · 찾아보기'로 구성된 부록을 제공하여 본문 주제와 관련한 다양한 지식을 습득할 수 있도록 하였다.

다섯째, 더욱 세련된 디자인과 일러스트로 독자들이 읽기 편하도록 만들었다.

철학자가 들려주는 철학 이야기 (전 100권)

서정욱 외 지음 | (주)자음과모음 | 이메일 soseries@jamobook.com

아이들의 눈높이에 맞춘 철학 동화!
책 읽는 재미와 철학 공부를 자연스럽게 연결한 놀라운 구성!

대부분의 독자들이 어렵게 느끼는 철학을 동화 형식을 이용해 읽기 쉽게 접근한 책이다. 우리의 삶과 세상, 인간관계에 대해 어려서부터 진지하게 느끼고 고민할 수 있도록, 해당 철학 사조와 철학자들의 사상을 최대한 풀어 썼다.

이 시리즈의 가장 큰 장점은 내용과 형식의 조화로, 아이들이 흔히 겪을 수 있는 일상사를 철학 이론으로 해석하고 재미있는 이야기로 담은 것이다. 또한 아이들의 눈높이에 맞는 쉽고 명쾌한 해설인 '철학 돋보기'를 덧붙였으며, 각 권마다 줄거리나 철학자의 사상을 상징적으로 표현한 삽화로 읽는 재미를 더한다. 철학 동화를 이끌어가는 주인공을 형상화하고 내용의 포인트를 상징적으로 표현한 삽화는 아이들의 눈을 즐겁게 만들어준다. 무엇보다 이 시리즈는 철학이 우리 생활 한가운데 들어와 있고, 일상이 곧 철학이라는 사실을 잘 보여준다. 무엇보다 자기 자신을 극복한다는 것, 인간을 사랑한다는 것, 진정한 인간이 된다는 것, 현실과 자기 자신을 긍정한다는 것 등의 의미를 아이들의 시선에서 풀어내고 있다.